SHODENSHA
SHINSHO

大学入試改革後の中学受験

おおたとしまさ

JN196814

祥伝社新書

はじめに

「大学入試改革が実行されて学力観がガラッと変わる。開成や灘などの従来の進学校が凋落《ちょうらく》する。中学受験なんてしても意味がなくなる」としたり顔で言うひとたちがいたのは2015年あたりだった。一般のひとたちだけでなく、教育関係者のなかにも散見された。2つの意味で彼らは見誤っていると、当時私は感じた。

1つには、もし文部科学省が掲げる理念通りに改革が進むのなら、それは付け焼き刃の受験勉強では太刀《たち》打ちできない大学入試になることを意味し、むしろ6年間の時間的余裕がある中高一貫校にますます有利になるからだ。

もう1つの理由は、当時の文部科学大臣が掲げる構想があまりにも大風呂敷すぎて、実現可能性は極めて低いと判断せざるを得なかったからだ。つまり、実質的に何も変わらない可能性が高い。

いずれにしても、中学受験という選択に追い風が吹くことこそあれど、向かい風が吹くことはないだろうと推測した。そしてそれは正しかった。

逆に意外なことが起きた。中学入試改革が、大学入試改革を追い越してしまったのだ。時代の変化に敏感な私立中学校がそれぞれに入試を進化させ、大学入試改革の理念を一部ですでに実現しているのである。

これから中学受験を志《こころざ》す親子に、大学入試改革の現状とこれからの展望を正確に把握してもらうことが本書の目的の1つだ。もう1つの目的は、中学入試にいま起きている変化を踏まえ、中学受験の近未来予測をすることだ。

第1章・第2章は大学入試改革、第3章は時代を反映した志望校選び、第4章は中学入試の出題傾向に起きている大きな変化、第5章はこれからの中学受験を読み解く上で必要な情報リテラシー、第6章はこれから中学受験勉強に起こり得る変化について述べる。

多くの読者がご存じのように、大学入試改革はいま迷走の最中にある。無理もない。「正解のない時代にどんな大学入試を設計するのが正解か」という「正解主義」と、悪いところにばかり注目してそこを矯正しようとする「減点主義」という、この国の教育の悪い面を前面に押し出したような発想でこの大学入試改革が議論されてきたこと自体がもはやブラックジョークなのである。

中学受験を志す親子が、省庁によるプロパガンダや一部メディアのミスリード、塾・予備校業界の宣伝文句に惑わされることなく、いま教育に起きている変化の本質を捉《とら》え、自身の価値観で道を選ぶ一助になることを願い、本書を執筆する。

※本書には、あくまでも参考として、文部科学省の各種資料が転載・抜粋・引用されています。見やすくする目的で、文部科学省の資料をもとに作図し直したものも含まれています。転載に際して、注釈を省いている場合もあります。最新の正しい情報については直接実際の資料をおたしかめください。

目次

第4章　中学入試に表れた新しい出題傾向

第5章　いま親に必要な「中学受験情報リテラシー」

第6章　中学受験勉強の新しいカタチ

第1章

2020年度大学入試改革のあらまし

２０２０年、日本の教育は変わらない

教育に関する講演会に呼ばれると、司会者が「２０２０年、いよいよ日本の教育が大きく変わろうとしています。そこで教育ジャーナリストおおたとしまささんをお招きして、これからの教育や学校、保護者の心構えについてお話しいただきたいと思っております。みなさま拍手でお迎えください！」と言うことが多い。

そのたびに「どうも、おおたです。えーと、いま司会者の方が２０２０年に教育が変わるとおっしゃってくれましたが、少なくとも２０２０年に、教育制度も、大学入試も、大きく変わることはありません」というところから話をしなければいけない。

いわずもがな、ここでの「２０２０年」とは大学入試改革初年度のことである。「年度」という表現が使用されるのでややこしいが、要するに、２０２０年４月に高校３年生になる子どもたちが初年度に当たる。

２０２０年度の大学入試改革は、高大接続改革の一環として提案されたものだ。高大接続改革は、大学教育改革、高校教育改革、そしてその２つを結ぶ大学入試改革の三本柱から成る。当初は「明治以来の大改革」と喧伝《けんでん》された。大学入試改革について

は「脱ペーパーテストへ」とうたわれた。その方針には賛意が多かった。しかし結論からいえば、少なくとも2020年に教育が大きく変わるということはあり得ない。また、それを初年度だとしても、その後、掲《かか》げられた理念の通りに高大接続改革が進むとはとても思えない状況にすでになりつつある。

初年度における、受験生にとっての最重要の変更点をひとまず列挙する。

●**センター試験を廃止し、代わりに「大学入学共通テスト」を実施する。**

●**「大学入学共通テスト」の数学と国語には記述式問題が3問ずつ出る。**

●**「大学入学共通テスト」の英語ではリーディングとリスニングが100点ずつの配点となる。また民間試験も併用する。**

要するにセンター試験のマイナーチェンジでしかない。

2019年8月30日の日本経済新聞で「20年度はそれほど大きな改革ではない」と述べているのは、「明治以来の大改革」とうたった元文部科学大臣・下村博文《しもむらはくぶん》氏そのひとだ。「2020年度にはそれほど大きく変わらないが、今後大きく変わっていく」というニュアンスを残した表現だが、おそらくそうはならない。

	科目選択の方法等	解答方法等	試験時間（配点）
		マーク式及び記述式（記述式は近代以降の文章のみ）	１００分 （マーク式問題２００点及び記述式問題の段階表示）
	左記出題科目の１０科目のうちから最大２科目を選択し，解答する。 ただし，同一名称を含む科目の組合せで２科目を選択することはできない。 なお，受験する科目数は出願時に申し出ること。	マーク式	１科目選択 ６０分（１００点） ２科目選択 １３０分（うち解答時間１２０分） （２００点）
	左記出題科目の２科目のうちから１科目を選択し，解答する。	マーク式及び記述式（記述式は数学Ⅰの内容に関わる問題のみ）	７０分（１００点（記述式問題を含む。））
	左記出題科目の４科目のうちから１科目を選択し，解答する。 ただし，科目選択に当たり，『簿記・会計』及び『情報関係基礎』の問題冊子の配付を希望する場合は，出願時に申し出ること。	マーク式	６０分（１００点）
	左記出題科目の８科目のうちから下記のいずれかの選択方法により科目を選択し，解答する。 A　理科①から２科目 B　理科②から１科目 C　理科①から２科目及び理科②から１科目 D　理科②から２科目 なお，受験する科目の選択方法は出願時に申し出ること。	マーク式 マーク式	【理科①】 ２科目選択 ６０分（１００点） 【理科②】 １科目選択 ６０分（１００点） ２科目選択 １３０分（うち解答時間１２０分）（２００点）
	左記出題科目の５科目のうちから１科目を選択し，解答する。 ただし，科目選択に当たり，『ドイツ語』，『フランス語』，『中国語』及び『韓国語』の問題冊子の配付を希望する場合は，出願時に申し出ること。	マーク式	『英語』 【リーディング】 ８０分（１００点） 【リスニング】 ６０分（うち解答時間３０分）（１００点） 『ドイツ語』『フランス語』『中国語』『韓国語』 【筆記】 ８０分（２００点）

[資料１] 大学入試センター2019年６月７日発表の資料の一部

令和３年度大学入学者選抜に係る大学入学共通テスト出題教科・科目の出題方法等

教科	グループ	出題科目	出題方法等
国語		『国語』	「国語総合」の内容を出題範囲とし，近代以降の文章，古典（古文，漢文）を出題する。
地理歴史		「世界史A」 「世界史B」 「日本史A」 「日本史B」 「地理A」 「地理B」	『倫理，政治・経済』は，「倫理」と「政治・経済」を総合した出題範囲とする。
公民		「現代社会」 「倫理」 「政治・経済」 『倫理，政治・経済』	
数学	①	「数学Ⅰ」 『数学Ⅰ・数学A』	『数学Ⅰ・数学A』は，「数学Ⅰ」と「数学A」を総合した出題範囲とする。ただし，次に記す「数学A」の３項目の内容のうち，２項目以上を学習した者に対応した出題とし，問題を選択解答させる。〔場合の数と確率，整数の性質，図形の性質〕
	②	「数学Ⅱ」 『数学Ⅱ・数学B』 『簿記・会計』 『情報関係基礎』	『数学Ⅱ・数学B』は，「数学Ⅱ」と「数学B」を総合した出題範囲とする。ただし，次に記す「数学B」の３項目の内容のうち，２項目以上を学習した者に対応した出題とし，問題を選択解答させる。〔数列，ベクトル，確率分布と統計的な推測〕 『簿記・会計』は，「簿記」及び「財務会計Ⅰ」を総合した出題範囲とし，「財務会計Ⅰ」については，株式会社の会計の基礎的事項を含め，財務会計の基礎を出題範囲とする。 『情報関係基礎』は，専門教育を主とする農業，工業，商業，水産，家庭，看護，情報及び福祉の８教科に設定されている情報に関する基礎的科目を出題範囲とする。
理科	①	「物理基礎」 「化学基礎」 「生物基礎」 「地学基礎」	
	②	「物理」 「化学」 「生物」 「地学」	
外国語		『英語』 『ドイツ語』 『フランス語』 『中国語』 『韓国語』	『英語』は，「コミュニケーション英語Ⅰ」に加えて「コミュニケーション英語Ⅱ」及び「英語表現Ⅰ」を出題範囲とし，「リーディング」と「リスニング」を出題する。 なお，「リスニング」の問題音声が流れる回数は，１回読みのものと２回読みのもので構成する。

「青写真」は壮大だった

大学入試改革の議論がどのようにして始まり、どのような流れのなかにあるのかを理解すれば、今後の予想がある程度つく。時系列で追う。

2012年8月28日、当時の民主党政権の文部科学大臣である平野博文《ひらのひろふみ》氏は、中央教育審議会に「大学入学者選抜の改善をはじめとする高等学校教育と大学教育の円滑な接続と連携の強化のための方策について」を諮問した。諮問理由の説明には次のような問題意識が書かれている。

グローバル化、情報化、少子高齢化など社会構造が大きく変化し、先を見通すことの難しい時代にあっては、生涯を通じ不断に主体的に学び考える力、予想外の事態を自らの力で乗り越えることのできる力、グローバル化に対応し活力ある社会づくりに貢献することのできる力などの育成が特に重要となっております。

それらをより具体的に言えば、豊かな経験・知識と社会や他者への関心・理解に裏付けられた教養と倫理観、常に学び自らを向上させようとする意欲や姿勢、不測の状況に置かれた時に課題を正しく把握しそれを克服・解決することのできる判断力・行動力、異なる価値観や思想を持つ多様な他者と良好な関係を結ぶことのできる協調性やリーダーシップ、他者や社会のために貢献しようとする公共心や実践力などであると考えます。

しかしこのあと政権交代。２０１３年10月31日、自民党政権下の教育再生実行会議が「高等学校教育と大学教育との接続・大学入学者選抜の在り方について（第四次提言）」を発表した。中央教育審議会の答申の前に、政府主導で大学入試改革の青写真を描いたのである。

知識偏重の1点刻みの大学入試も、事実上学歴不問の一部の推薦入試やＡＯ入試もダメだと切り捨て、「大学入学者選抜を、能力・意欲・適性を多面的・総合的に評価・判定するものに転換する」と提言した。

以下が主な具体案だった。

●**センター試験について**……センター試験を廃し、代わりに「達成度テスト（基礎レベル）（仮称）」と「達成度テスト（発展レベル）（仮称）」の2段階のテストを実施する。「基礎レベル」は高校で学ぶべきことの達成度を測るもの。「発展レベル」は大学で学ぶための素養が達成されているかを測るもの。これらは年間複数回実施し、しかも1点刻みではなく段階別の結果を出すようにする。外部検定試験の活用も検討する。コンピュータを使用した試験実施も視野に入れる。

●**個別の大学入学者選抜について**……能力・意欲・適性や活動歴を多面的・総合的に評価・判定するものに転換する。そのために面接（意見発表、集団討論など）、論文、高等学校の推薦書、生徒が能動的・主体的に取り組んだ多様な活動（生徒会活動、部活動、インターンシップ、ボランティア、海外留学、文化・芸術活動やスポーツ活動、大学や地域と連携した活動など）、大学入学後の学修計画案を評価するなど、多様な方法による入学者選抜を実施し、これらの丁寧な選抜による入学者割合の大幅な増加を図る。推薦・AO入試に関しては「達成度テスト（基礎レベル）（仮称）」の利用を示唆《しさ》。

「達成度テスト」の年間複数回実施ができるなら、「運命の日」の一発勝負的な入試の風景が変わる。個別の大学の入試においては、ペーパーテストに依存する割合を減らしていこうという意思表示だ。生徒の囲い込みのための名ばかりのＡＯ入試ではなく、本当のＡＯ入試を実施し、その割合を増やそうという話である。欧米先進国の大学入試を模範にしていることは明らかだった。

たとえばアメリカでは、ＳＡＴやＡＣＴというセンター試験のようなテストが年複数回実施され、いちばん良いスコアを大学に提出できる。さらに、高校での成績、課外活動を含む活動履歴、複数のテーマのエッセイ（小論文）などの必要書類を、大学のアドミッション・オフィス（入試事務所）に送る。場合によっては卒業生による面接を受ける。これらを総合的に評価して、合格者が決められる。感覚的にいえば、当該大学で学ぶのに必要な一定水準以上の基礎学力があると認められた受験生のなかから、大学の先生が「教えたい」と思う受験生を選ぶ形で合格者が決まる。ある日時に受験生全員が一堂に会して同じペーパーテストを受けるようなことはない。これが本当のＡＯ（アドミッション・オフィス）入試である。

この青写真はおおむね世間の歓迎を受けた。

［資料２］教育再生実行会議「第四次提言」（2013年10月31日）資料の一部

「達成度テスト（仮称）」に関する提言内容

<table>
<tr><td rowspan="2">名称
（仮称）</td><td colspan="2">達成度テスト</td></tr>
<tr><td>基礎レベル</td><td>発展レベル</td></tr>
<tr><td>目的</td><td colspan="2">高等学校教育の質の確保・向上、大学の人材育成機能の強化、能力・意欲・適性を多面的・総合的に評価する大学入学者選抜への転換を図る改革を行う。その一環として、高等学校段階における学習の達成度を把握し、高等学校の指導改善や大学入学者選抜に活用する新たなテストとして導入</td></tr>
<tr><td>機能・大学入学者選抜での活用</td><td>高等学校の基礎的・共通的な学習の達成度を客観的に把握し、学校における指導改善にいかす

推薦・ＡＯ入試における基礎学力の判定に際しての活用を促進</td><td>大学が求める学力水準の達成度の判定に積極的に活用

各大学で基礎資格としての利用を促進

利用する教科・科目や重点の置き方を柔軟にするなど弾力的な活用を促す</td></tr>
<tr><td>受験回数</td><td>高等学校在学中に複数回受験できる仕組みとすることを検討</td><td>試験として課す教科・科目を勘案し、複数回挑戦を可能にすることを検討</td></tr>
<tr><td>試験内容等</td><td>基礎的・共通的な教科・科目

知識・技能の活用力、思考力・判断力・表現力も含めた幅広い学力を把握し、指導改善につなげる

高等学校の単位及び卒業の認定や大学入学資格のための条件とはしないが、できるだけ多くの生徒が受験</td><td>大学教育に必要な能力の判定という観点から教科・科目や出題内容を検討

知識偏重の１点刻みの選抜にならないよう、試験結果はレベルに応じて段階別に表示</td></tr>
<tr><td>試験運営</td><td colspan="2">大学入試センター等が有するノウハウ、利点をいかしつつ、相互に連携して一体的に行う</td></tr>
</table>

※具体的な実施方法や実施体制、実施時期、名称、制度面・財政面の整備等について、高等学校での教育活動に配慮しつつ、関係者の意見も踏まえ、中央教育審議会等において専門的・実務的に検討。

開成や灘が凋落する⁉

青写真を受け、それをさらに具体化したものが、中央教育審議会による「新しい時代にふさわしい高大接続の実現に向けた高等学校教育、大学教育、大学入学者選抜の一体的改革について」という２０１４年12月22日の答申だ。

●「達成度テスト（仮称）」について……センター試験の代わりに行う「達成度テスト（発展レベル）（仮称）」は「大学入学希望者学力評価テスト（仮称）」、「達成度テスト（基礎レベル）（仮称）」は「高等学校基礎学力テスト（仮称）」と仮称変更。「大学入学希望者学力評価テスト（仮称）」では教科の枠組みを超えた「合教科・科目型」「総合型」のテストを実施し、将来的には「教科型」のテストを行わない方針。

●個別の大学入学者選抜について……「大学入学希望者学力評価テスト（仮称）」の成績に加え、小論文、面接、集団討論、プレゼンテーション、調査書、活動報告書、入学希望理由書や学修計画書、資格・検定試験などの成績、各種大会等での活動や顕彰の記録などの活用を示唆。英語等に関しては民間試験も積極的に活用する。

このときにはまだ「達成度テスト（仮称）」は複数回受験を可能とする方針が生き

ていた。「達成度テスト（基礎レベル）（仮称）」で教科ごとの「知識・技能」を見たうえで、「達成度テスト（発展レベル）（仮称）」では教科の枠組みを超えて、「思考力・判断力・表現力」を評価する意図が見られた。両新テストの開発・実施のために、大学入試センターを抜本的に改組することにも触れられた。

面白いのは、「大学のレベルによって入試のやり方を最適化しなさい」という趣旨が盛り込まれたことだ。

スーパーグローバル大学をはじめ、比較的「偏差値の高い大学」では、「主体性・多様性・協働性」や「思考力・判断力・表現力」を含む学力を、高い水準で評価するように、とのこと。

「中程度の大学」では知識量のみを問う問題になっていることが多いので、「大学入学希望者学力評価テスト（仮称）」をうまく活用し、その分、個別選抜で「思考力・判断力・表現力」までをも含む力を試すことに注力しなさいと提案している。

入学志願者が少なくて「入学者選抜が機能しなくなっている大学」では、せめて「高等学校基礎学力テスト（仮称）」で高校時代の学習成果を測るようにとしている。

2015年4月1日、東大は2016年入試における「推薦入試」の実施を発表した。京大も2016年から「特色入試」を実施すると発表した。大学入試改革に歩調を合わせ、むしろこれを牽引《けんいん》する意識の表れと考えられる。

2015年9月14日には国立大学協会が、「国立大学の将来ビジョンに関するアクションプラン」を発表し、大筋において大学入試改革の理念を支持し、2021年度までに入学定員の30%を推薦入試、AO入試、国際バカロレア入試（国際基準の大学入学者資格を利用する方法）などに充《あ》てることを目標に掲げた。

「今回ばかりは本気の改革だ」と、教育関係者も評価した。当時の文部科学大臣は「手柄」を各種メディアで喧伝した。メディアもそれをもてはやした。いまから思えば「取らぬタヌキの皮算用」であった。逆にいえば、今回の改革に対する期待は、このときが最高潮だった。

開成や灘のような従来の進学校が凋落するという噂が広まったのもこのころである。少なくとも東大合格者数ランキング上位に名を連《つら》ねるような進学校では、生徒たちの高い基礎学力を前提に、「主体性・多様性・協働性」や「思考力・判断力・表現

［図１］2015年度入学者選抜実施状況の概要（国公私立別）

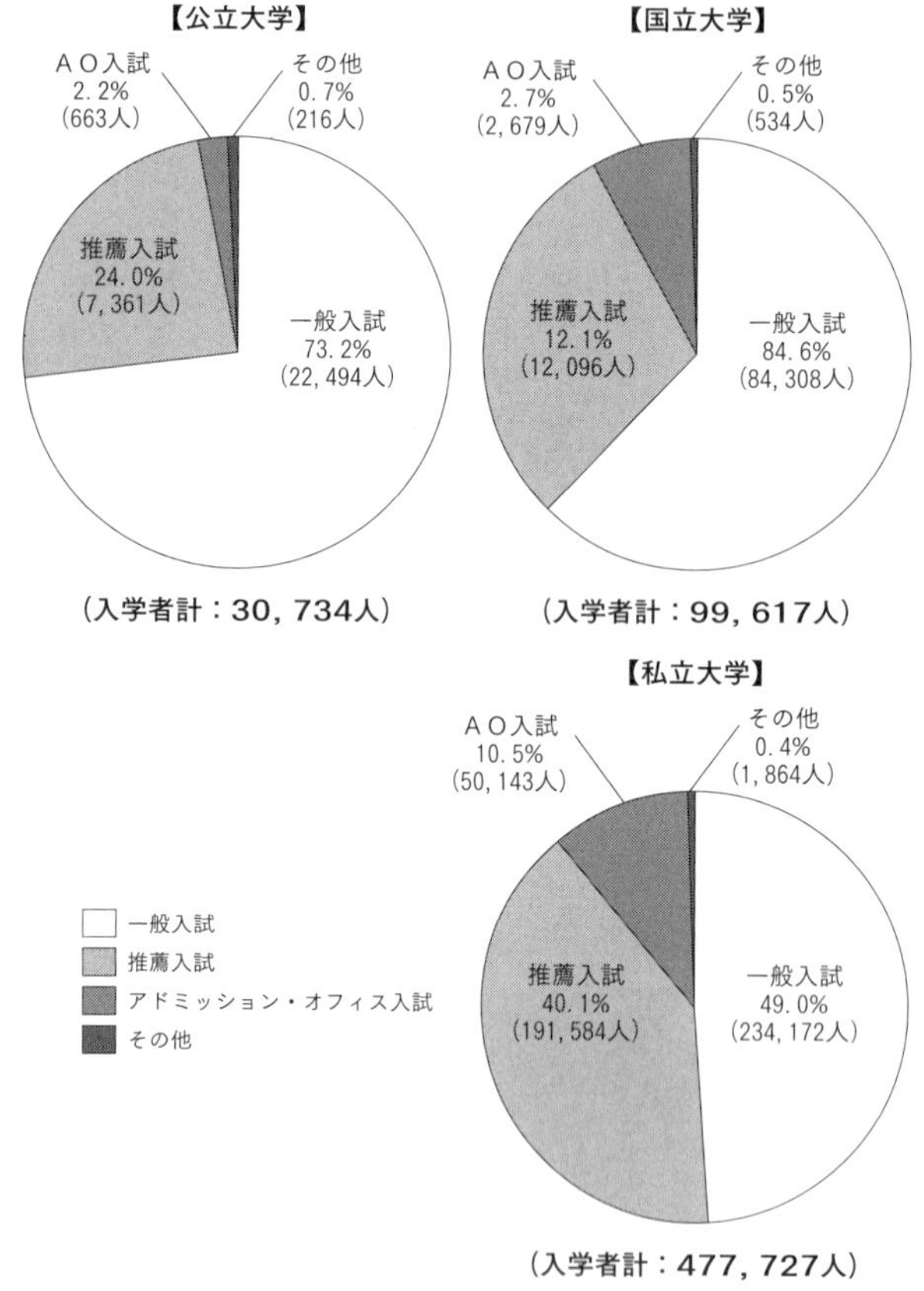

※2017年６月24日文部科学省発表「大学入学者選抜にかかる最近の動向について」より

力」を育《はぐく》む教育がすでに伝統になっており、今回の改革はむしろ有利に働くと多くの専門家は予測した。有名進学校の教員たちも一様に手ぐすね引いて改革を歓迎した。

特に基礎学力の仕上がりが早い中高一貫校の生徒は、複数回行われる「高等学校基礎学力テスト（仮称）」や「大学入学希望者学力評価テスト（仮称）」において早い段階で最高レベルの成績を収め、個別の大学の入試対策に専念することで、さらに有利になることが予見された。私立中高一貫校の入試広報担当者も「これはチャンス」とにらんだ。

［資料３］中央教育審議会答申（2014年12月22日）の資料の一部

総称	学力評価のための新たなテスト（仮称）　別添資料３	
実施主体	大学入試センターを、「学力評価のための新たなテスト（仮称）」の実施・方法開発や評価に関する方法開発などの支援を一体的に行う組織に抜本的に改組。	
個別名称	高等学校基礎学力テスト（仮称）	大学入学希望者学力評価テスト（仮称）
目的・活用方策	○生徒が、自らの高等学校教育における学習の達成度の把握及び自らの学力を客観的に提示することができるようにし、それらを通じて生徒の学習意欲の喚起、学習の改善を図る。 ＜上記以外の活用方策＞ ○結果を高等学校での指導改善にも生かす。 ○進学時や就職時に基礎学力の証明や把握の方法の一つとして、その結果を大学等が用いることも可能とする。 ※進学時の活用は、調査書にその結果を記入するなど、高等学校段階の学習成果把握のための参考資料の一部として使用。	○大学入学希望者が、これからの大学教育を受けるために必要な能力について把握する。 「確かな学力」のうち「知識・技能」を単独で評価するのではなく、「知識・技能を活用して、自ら課題を発見し、その解決に向けて探究し成果等を表現するために必要な思考力・判断力・表現力等の能力（「思考力・判断力・表現力」）」を中心に評価。
対象者	○希望参加型 ※　できるだけ多くの生徒が参加することを可能とするための方策を検討。	○大学入学希望者 ※　大学で学ぶ力を確認したい者は、社会人等を含め、誰でも受験可能。
内容	○実施当初は「国語総合」「数学Ⅰ」「世界史」「現代社会」「物理基礎」「コミュニケーション英語Ⅰ」等の高校の必履修科目を想定（選択受検も可能）。 ○高等学校で育成すべき「確かな学力」を踏まえ、「思考力・判断力・表現力」を評価する問題を含めるが、学力の基礎となる知識・技能の質と量を確保する観点から、特に「知識・技能」の確実な習得を重視。 ※高難度から低難度まで広範囲の難易度。 ○各学校・生徒に対し、成績を段階で表示 ※　各自の正答率等も併せて表示	○「教科型」に加えて、教科・科目の枠を超えた思考力・判断力・表現力を評価するため、「合教科・科目型」「総合型」の問題を組み合わせて出題。 ※　将来は「合教科・科目型」「総合型」のみによる「知識・技能」と「思考力・判断力・表現力」の総合的な評価を目指す。 ※　広範囲の難易度。特に、選抜性の高い大学が入学者選抜の評価の一部として十分活用できる水準の高難易度の出題を含む。 ○大学及び大学入学希望者に対し、段階別表示による成績提供
解答方式	○多肢選択方式が原則、記述式導入を目指す。	○多肢選択方式だけでなく、記述式を導入。
検討体制	○ＣＢＴの導入や両テストの難易度・範囲の在り方、問題の蓄積方法、作問の方法、記述式問題の導入方法、成績表示の具体的な在り方等について一体的に検討。	
実施方法	○在学中に複数回（例えば年間２回程度）、高校２・３年での受験を可能とする。 ○実施時期は、夏～秋を基本として、学校現場の意見を聴取しながら検討。 ○ＣＢＴ方式での実施を前提に開発を行う。 ○英語等については、民間の資格・検定試験も積極的に活用。	○年複数回実施。 ○実施回数や実施時期は、入学希望者が自ら考え自ら挑戦することを第一義とした上で、高校教育への影響を考慮しつつ、高校・大学関係者を含めて協議。 ○ＣＢＴ方式での実施を前提に開発を行う。 ○特に英語は、四技能を総合的に評価できる問題の出題や民間の資格・検定試験を活用。 ※　他の教科・科目や「合教科・科目型」「総合型」についても、民間の資格・検定試験の開発・活用も見据えて検討。
作問のイメージ	全国学力・学習状況調査のＡ問題（主として知識に関する問題）及びＢ問題（主として活用に関する問題）の高校教育レベルの問題を想定	知識・技能を活用して、自ら課題を発見し、その解決に向けて探究し成果等を表現するための力を評価する、PISA型の問題を想定

［資料４］中央教育審議会答申（2014年12月22日）の資料の一部

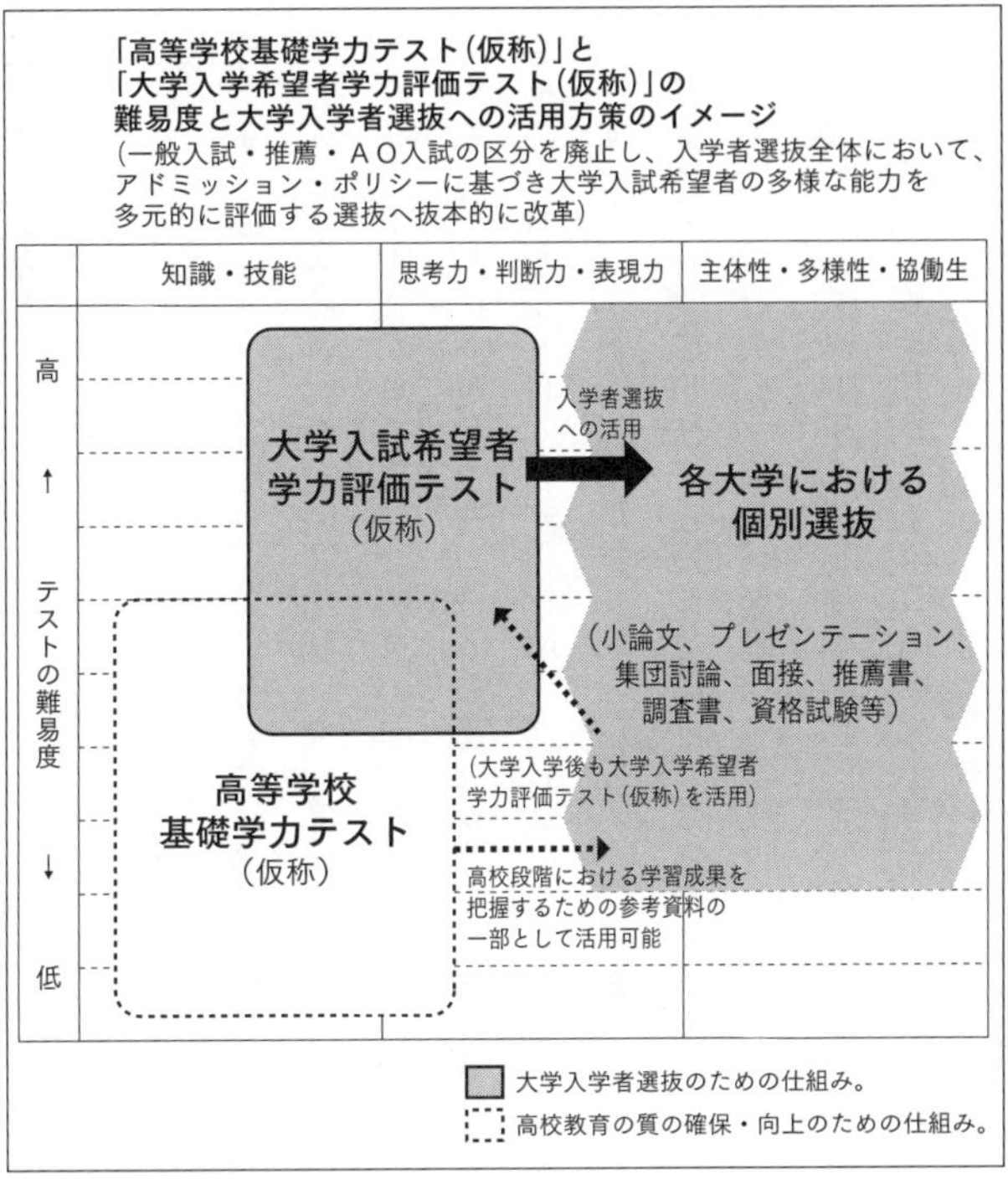
「高等学校基礎学力テスト（仮称）」と
「大学入学希望者学力評価テスト（仮称）」の
難易度と大学入学者選抜への活用方策のイメージ
（一般入試・推薦・ＡＯ入試の区分を廃止し、入学者選抜全体において、
アドミッション・ポリシーに基づき大学入試希望者の多様な能力を
多元的に評価する選抜へ抜本的に改革）
知識・技能
思考力・判断力・表現力
主体性・多様性・協働生
高
↑
テストの難易度
↓
低
大学入試希望者
学力評価テスト
（仮称）
入学者選抜
への活用
各大学における
個別選抜
（小論文、プレゼンテーション、
集団討論、面接、推薦書、
調査書、資格試験等）
（大学入学後も大学入学希望者
学力評価テスト（仮称）を活用）
高等学校
基礎学力テスト
（仮称）
高校段階における学習成果を
把握するための参考資料の
一部として活用可能
大学入学者選抜のための仕組み。
高校教育の質の確保・向上のための仕組み。

記述式問題の採点という大問題

しかし、2015年12月22日に文部科学省の専門家会議が「大学入学希望者学力評価テスト(仮称)」の「記述式問題イメージ例【たたき台】」を公表すると、「どうやって採点するのか?」が話題になった。記述式問題は採点基準に幅ができやすいうえ、50万人を超える答案を短期間でどうやって採点するのかということだ。

マークシート方式よりも先に記述式の試験を行う案が検討されたが、実施時期が前倒しされれば高校の指導カリキュラムに影響が出る。記述式は各大学が採点するという案も検討されたが、日本私立大学団体連合会は「入試準備などと並行して新テストの採点をするのは実質的に不可能」との意見書を出した。

さらに具体的な実施方法を検討する段階になると、改革は急にトーンダウンした。特に公立高校の教員から「複数回実施」への反対意見が相次いだ。現在のセンター試験より前倒しの日程で試験が実施されれば、学校での指導が間《ま》に合わなくなるというのだ。中高一貫校が圧倒的に有利になってしまうということに、このときようやく多くのひとが気づいた。

結果、2016年3月31日に発表された「高大接続システム改革会議『最終報告』」では次のように表明されている。

●**「高等学校基礎学力テスト（仮称）」について**……2019年度から試行実施するが、本格実施は次期学習指導要領への移行時期を鑑《かんが》み、2023年度以降とする。

●**「大学入学希望者学力評価テスト（仮称）」について**……複数回実施はいったん見送り、引き続き検討する。2024年度以降、記述式問題の文字数を増やす。

●**個別大学における入学者選抜について**……脱ペーパーテスト路線を明確にしつつ、実質的に学力不問になっている一部のAO入試や推薦入試の改善を目指す。大学に提出する調査書等の多様化や内容の充実を図り、電子化についても検討する。

これを受け2016年度から、文部科学省大学入学者選抜改革推進委託事業として一般社団法人教育情報管理機構によって「JAPAN e-Portfolio」が構築されることになった。高校3年間の学習履歴、活動履歴などが電子的に各大学に提出されるインフラだ。システム開発には関西学院大を代表校とする複数の大学が関わり、ベネッセコーポレーションが運営サポートを担《にな》う。

ちなみに、この「最終報告」で「学力の3要素」という表現が多用された。（1）十分な知識・技能、（2）それらを基盤にして答えが一つに定まらない問題に自ら解《かい》を見出していく思考力・判断力・表現力等の能力、そして（3）これらの基《もと》になる主体性を持って多様な人々と協働して学ぶ態度である。こ

［資料5］高大接続システム改革会議「最終報告」（2016年3月31日）の資料の一部

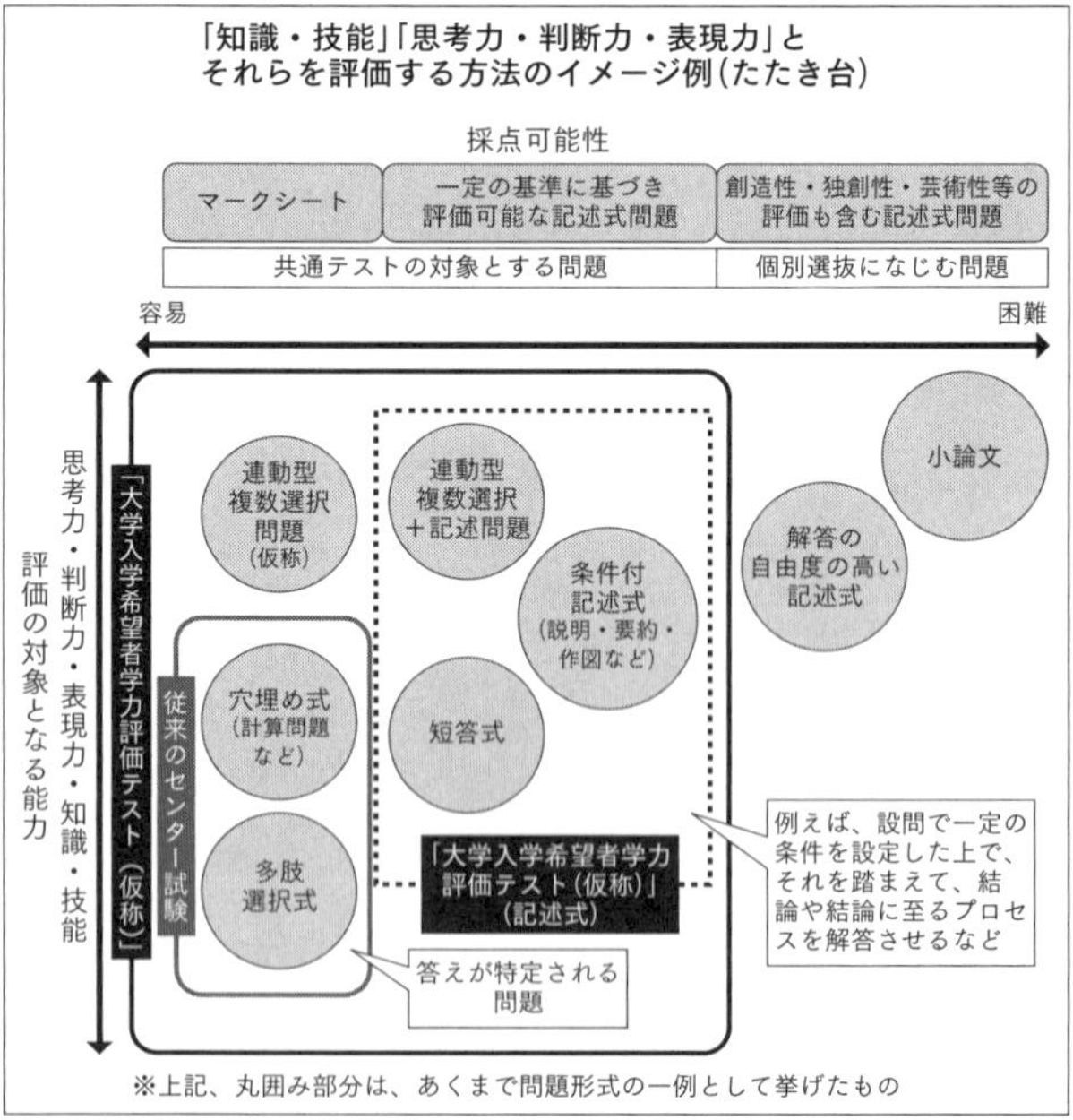

れらを総合的に判定するような入試にしていこうという話だ。

これはもともと学校教育基本法の小学校の教育に関する項目のなかで示されていた3要素の援用であり、大学入試改革の議論のなかで生まれた新しい概念ではない。なんとなく言いたいことはわかるのだが、入試を設計するための要素分類としてはあいまいすぎてことば遊びの域《いき》を出ていない。

良くいえば概念的な「遊び」があるということなのだが、大きすぎる「遊び」は空中分解の原因にもなる。

「AO入試」「推薦入試」がなくなる!?

2017年7月13日、文部科学省は「高大接続改革の実施方針等の策定について」を公表した。2020年度大学入試改革の設計図である。要点は以下の通り。

● **「高等学校基礎学力テスト（仮称）」について**……正式名称を「高校生のための学びの基礎診断」とする。文部科学省が示した要件に基づき、民間の試験を認定する。
● **「大学入学希望者学力評価テスト（仮称）」について**……正式名称を「大学入学共

通テスト」とする。数学と国語に関しては各3問程度の記述式問題を出題し、採点はセンターが民間業者に委託する形で行う。2024年度には、地理歴史・公民分野や理科分野等でも記述式問題導入を検討。英語に関しては民間試験と併用して2023年度まで実施。2024年度からは民間試験に完全移行する。利用できる民間試験についてはセンターが認定する。複数の民間試験の成績はヨーロッパにおける外国語の学習・教授・評価のための基準「CEFR（セファール）」の段階別成績表示による対照表を掲示する。コンピュータ受験の導入については引き続き検討。それを踏まえ、2024年度以降の「大学入学共通テスト」の複数回実施も引き続き検討する。

●**個別大学における入学者選抜について……**「一般入試」を「一般選抜」、「AO入試」を「総合型選抜」、「推薦入試」を「学校推薦型選抜」と、入試区分の呼称を改める。「一般選抜」では筆記試験に加え、調査書のほか、エッセイ、面接、ディベート、集団討論、プレゼンテーション、各種大会や顕彰等の記録、総合的な学習の時間などにおける生徒の探究的な学習の成果等に関する資料やその面談などを積極的に活用する。「大学入学共通テスト」も積極的に活用する。「総合型選抜」「学校推薦型選抜」においても、「大学入学共通テスト」の活用など何らかの形で必ず学力をたしかめること。

要するに、少なくとも大学入試改革初年度の2020年度には、記述式問題の導入、英語民間試験の併用という形でセンター試験がお色直しされるだけである。

つまりそれほど変わらない。

第2章

大学からも高校からも聞こえる不協和音

AIが得意な出題形式に

2017年12月、「大学入学共通テスト」の1回目のプレテスト（試行テスト）が公開された。特に記述式が出題された数学と国語に注目が集まった。

地方の公立進学校の教員に評価を聞くと、「今回はかなり頑張ってつくった良問だと思う」「たとえば数学は、単なる計算力では太刀打ちできないようになっている」と、おおむね好評だった。ただし「問題のレベルが、一部の上位層にはちょうどいいが、それ以外の高校生には難しすぎるのではないか」という意見もあった。

実際、国語の記述式問題では完全正答率が0・7%の問題があり、数学でも全3問の正答率が1割未満だった。2018年6～7月に朝日新聞と河合塾が共同で755大学を対象に行った「ひらく　日本の大学」という調査によると、名古屋大や法政大、近畿大など10%の大学が「難しい」と答え、「やや難しい」という大学も43%あった。同10月4日の朝日新聞によると、日本女子体育大の入試担当者は「このままの難易度では（正答率が低すぎて）差が付かないのではないか」とコメントしている。

関西の私立中高一貫校の校長も「うちの生徒にはいいが、一般論としたら難しすぎるのではないか」と懸念を示した。さらに国語の問題については「あれが国語の読解力なんですかね」とも。思想の練り込まれた長文を立体的に読む力というよりは、雑多な文字情報の中から必要な情報だけをパッとすくい取る能力を試すような問題が目立ったからだ。

「難しい」という評価が多かったが、一方で、新しい受験テクニックがすぐに考案され、塾や予備校での対策はむしろやりやすくなるのではないかとも、私は感じた。根本的な読解力を鍛えるのには時間がかかるが、表面的な情報を拾い上げるだけならテクニックで対応できる部分も多いからだ。それこそ、プレテストの問題をAIにやらせれば簡単に解いてしまうのではないだろうか。その意味では時代に逆行しているようにも思われる。

変えるべき理由が見つからない

お茶の水女子大は「国語の記述式問題では、どのような能力をどのような精度で測れるのか、課題が多いのではないか」と指摘した（2018年10月4日　朝日新聞）。

プレテストの問題を一見して気づくのは、公立中高一貫校の適性検査にそっくりだということだ。ストレートに教科的な問いを投げかけてくるのではなく、生活の一場面を再現するような会話文が何行も書かれていたり、図表が多用されていたりする。

ただし問題文が婉曲《えんきょく》的になればなるほど、文章を速く正確に読み取るのが得意な受験生にとって有利になる。つまり速読力の勝負によるところが大きくなり、教科そのものの学力が正確に測れなくなる可能性がある。

公立中高一貫校の適性検査は教科の枠組みを超えた出題なのでそれが許されるが、数学や理科という教科のテストを受けているのに、読解力や速読力が過度に求められるのだとしたらテストの主旨に反する。その点については、本番までにさらに調整が必要だろう。

記述式問題の採点にも注目が集まった。２０１８年10月４日の朝日新聞によれば、「採点基準を厳密にしても、採点者によって偏《かたよ》りがでる可能性は否定できないと思う」など懐疑的な意見が大学側からあり、全体の53％の大学が「採点の公平性に疑問」の声を上げている。プレテストでは、受験生の自己採点と入試センターの採点結果が一致しない例も多く、80％の大学がこれを問題視した。

そもそもほとんどの国立大学の2次試験ではもともと記述式問題が設定されており、そこで思考力や表現力をたしかめることができる。わざわざ大学入学共通テストに記述問題が導入される意味は見出しづらい。

また「日本テスト学会」の批判も痛烈だった。プレテストに見られた「5つの選択肢の中から適当なものをすべて選べ」というような多肢選択問題について、実際は選択肢ごとにそれが適切か否《いな》かの二者択一をしているにすぎず、「より深い思考力」を求めていることにはならないと指摘したのだ。しかも5問正答のみを正答とし4問以下の正答は0問正解と同じとみなしてしまうことは貴重な個人差情報を捨てることに等しい。「テスト理論」の観点からいえば、このような出題形式はナンセンスだと切り捨てた。

以上を総合すると「だったら記述式問題も多肢選択問題もなしにして、現行のセンター試験のままでいいじゃないか」と言いたくなってくる。

報道によると、テスト理論の専門家がすでに再三にわたって問題点を指摘したにもかかわらず、軌道修正がされないまま今回のプレテストが実施されたとのこと。だとすると、「このプレテストは『見せ球』の可能性が高い」と私は感じた。

このままではGOできないとわかっているが、一見していままでとは明らかに違う案を見せておく。そうやって公《おおやけ》に批判を浴びるなかで現実的な案に収斂していくのが文部科学省の作戦なのかもしれない。

無理筋な改革を押しつけられたときに官僚がとるべきプロセスとしては間違ってはいない。ただしそれは、最終的な着地点が現行のセンター試験を「お色直し」した程度のものになることを見越しているからこその作戦だといえなくもない。そしてその予想はやはり当たっていた。

以下、「大学入学共通テスト」の英語民間試験導入と記述式問題の採点について、別々に流れを追う。

東大がちゃぶ台返し

数学や国語から遅れることおよそ3カ月、大学入学共通テストの英語のプレテストが実施され、公開された。これまたいままでのセンター試験とはだいぶ装いが違う出題方式が目立った。

2018年3月26日には大学入学共通テストの英語で活用される4技能を測る民間試験として、英検（新型）、ケンブリッジ英語検定、GTEC、IELTS、TEAP、TEAP CBT、TOEFL iBT、TOEICの8種が合格したことが発表された。ちなみに従来型の英検が不合格とされたのは、1次試験・2次試験とわかれており、「1度の試験で4技能のすべてを評価する」という要件を満たしていないからだ。

「大学入学共通テスト」の英語について、東大の阿部公彦《あべまさひこ》准教授は、2018年4月3日の「東京大学新聞」で、次のように批判している。

「共通テストのプレテストでも民間試験と同様、遊園地の混雑度をウェブサイトで調べる問題など、日常生活の具体的な状況が題材の問題が多く見られた。しかし『これでは英語力ではなく情報処理の問題だ』」というのだ。

それと前後して、ちゃぶ台返しのような衝撃が、大学入試改革関係者を直撃する。

2018年3月10日、東大が、英語民間試験を合否判定に利用しない可能性を表明したのだ。ここから民間試験導入に対する不安の声は日増しに大きくなっていく。

9月25日、東大はついに、英語民間試験の成績提出を実質的に必須としないとの結論を出した。英語民間試験活用に対して方針を保留していた多数の国立大学のその後の判断に大きな影響を与えることは間違いなかった。

前出「ひらく　日本の大学」によると、英語民間試験の活用については46％の大学が「問題がある」と回答した。同じ調査では、共通テストについて「利用したい」が69％だった。前年の同調査の88％から19ポイントもの下落だ。プレテストの問題を見ての翻意だと考えられる。

10月11日には朝日新聞に、東大副学長の石井洋二郎《いしいようじろう》氏のコメントが掲載された。

「今回の改革で一番問題なのは、途中から目的と手段が逆転してしまったことだと思います。これからの時代を生きるために英語のコミュニケーション能力が必要であることは明らかですし、WG（ワーキンググループ）の答申もその目的自体を否定してはいません。ただ、本来はまず高校教育で基礎力を養い、その成果を問うために大学入試があるはずなのに、入試を変えることで高校教育を変えようとする発想で議論が進んできた。これは逆立ちした考え方です。民間試験はあくまで手段のひとつでしかないのに、スピーキングが含まれているというだけで、これを活用することがいつのまにか目的化してしまった。これでは高校の授業が民間試験対策に走ってしまい、教育がゆがめられてしまう恐れがあります。本末転倒の議論が続いているうちに、何のための入試改革か、忘れられていたのではないでしょうか」

英語だけではなく、今回の大学入試改革そのものの話の進め方を批判しているようにも読める。いや、そうとしか読めない。

TOEICが離脱

文部科学省は82の国立大学を対象に、2019年5月13日時点での英語民間試験活用に対する方針を調べた。全学部で一切活用しないとしたのは、北海道大、東北大、京都工芸繊維大の3大学。残り79大学は何らかの形で英語民間試験を入学者選抜に活用する。ただし活用方法はまちまちだ。

[図2] CEFRの「共通参照レベル」

聞いたり読んだりした、ほぼ全てのものを容易に理解することができる。いろいろな話し言葉や書き言葉から得た情報をまとめ、根拠も論点も一貫した方法で再構築できる。自然に、流暢かつ正確に自己表現ができる。
いろいろな種類の高度な内容のかなり長い文章を理解して、含意を把握できる。言葉を探しているという印象を与えずに、流暢に、また自然に自己表現ができる。社会生活を営むため、また学問上や職業上の目的で、言葉を柔軟かつ効果的に用いることができる。複雑な話題について明確で、しっかりとした構成の、詳細な文章を作ることができる。
自分の専門分野の技術的な議論も含めて、抽象的な話題でも具体的な話題でも、複雑な文章の主要な内容を理解できる。母語話者とはお互いに緊張しないで普通にやり取りができるくらい流暢かつ自然である。幅広い話題について、明確で詳細な文章を作ることができる。
仕事、学校、娯楽などで普段出会うような身近な話題について、標準的な話し方であれば、主要な点を理解できる。その言葉が話されている地域にいるときに起こりそうな、たいていの事態に対処することができる。身近な話題や個人的に関心のある話題について、筋の通った簡単な文章を作ることができる。
ごく基本的な個人情報や家族情報、買い物、地元の地理、仕事など、直接的関係がある領域に関しては、文やよく使われる表現が理解できる。簡単で日常的な範囲なら、身近で日常の事柄について、単純で直接的な情報交換に応じることができる。
具体的な欲求を満足させるための、よく使われる日常的表現と基本的な言い回しは理解し、用いることができる。自分や他人を紹介することができ、住んでいるところや、誰と知り合いであるか、持ち物などの基本的情報について、質問したり、答えたりすることができる。もし、相手がゆっくり、はっきりと話して、助けが得られるならば、簡単なやり取りをすることができる。

※ブリティッシュ・カウンシル、ケンブリッジ大学英語検定機構ホームページより

東大のように、出願資格として活用するが、高校の成績証明での代用を認めるのは、京大、名古屋大、一橋大、東京医科歯科大、浜松医科大、埼玉大、奈良女子大。いずれも「CEFR《セファール》」(国際的な言語運用能力指標)の下から2番目「A2」相当の英語力があればよいとしている(図2)。民間英語試験のスコア提出を出願資格とするのは右記8大学を含めて44大学。点数化して共通テストの得点に加点するとしたのは筑波大、鹿児島大、北海道教育大、東京芸術大など33大学。活用するが方法は未定とする大学が8あった。

熟練した言語使用者	C2	
	C1	
自立した言語使用者	B2	
	B1	
基礎段階の言語使用者	A2	
	A1	

私立大学の多くも何らかの形で英語民間試験を活用する方針。ただし、活用方法はまちまちで、学部によって方針が異なることも多い。特定の民間試験の活用しか認めていない場合もあり、どの民間試験を受けておけばどの大学を受験できて、どのような形で活用されるのかがわからない。受験直前になって「この大学のこの学部も受けてみようかな」と思って調べてみたら、「受験資格がない！」と気づくケースもあるかもしれない。ちなみに慶應は英語民間試験を利用しないが、早稲田は学部によって方針が違う。

２０１９年７月２日、ＴＯＥＩＣが「大学入学共通テスト」からの離脱を表明した。受験から成績提供までの日程など詳細をつめていくなかで、当初はセンター側から示されていなかった要望に対応できないと判断したからだ。

残る７種類の民間試験に関しても、「ＣＥＦＲ」に照らし合わせたレベル対応が適切かどうか、疑問の声が大きい。７種類のうち、地方でも受験機会が豊富なのは実質的に英検かＧＴＥＣに限られてしまうことも平等の観点から問題視されている。離島など、地域によっては、民間試験受験のために長距離の移動や宿泊が必要となり、費用や時間の面で不平等だとの不満もある。

全国高等学校長協会が延期を要望

混乱が続くなか、２０１９年７月25日、「次年度のことなのに全く先が見通せないほどの混乱状況だ」として、全国の公立・私立の校長が組織する全国高等学校長協

GTEC Advaced Basic Core CBT	IELTS	TEAP	TEAP CBT	TOEFL iBT
各試験CEFR 算出範囲	9.0 ｜ 8.5			
1400 ｜ 1350 (1400) CBT	8.0 ｜ 7.0	400 ｜ 375	800	120 ｜ 95
1349 ｜ 1190 (1280) Advanced	6.5 ｜ 5.5	374 ｜ 309	795 ｜ 600	94 ｜ 72
1189 ｜ 960 (1080) Basic	5.0 ｜ 4.0	308 ｜ 225	595 ｜ 420	71 ｜ 42
959 ｜ 690 (840) Core		224 ｜ 135	415 ｜ 235	
689 ｜ 270 (270)				

※括弧内の数値は、各試験におけるCEFRとの対象関係として測定できる能力の範囲の上限と下限

会は、混乱改善の要望書を文部科学省に提出した。これを受けて文部科学省は8月31日に「大学入試英語ポータルサイト」を設置したが、ほとんどただのリンク集で役に立たない。しかもこの時点で約3割の大学が活用方針を明示できていなかった。そこで同協会は9月10日、ついに英語民間試験導入の延期を求める要望書を文部科学省に提出した。

8月30日には文部科学省の前で、100人規模の集会があった。きっかけは、当時の柴山昌彦《しばやままさひこ》

［資料6］英語民間試験とCEFRの対照表（2019年8月文部科学省作成）

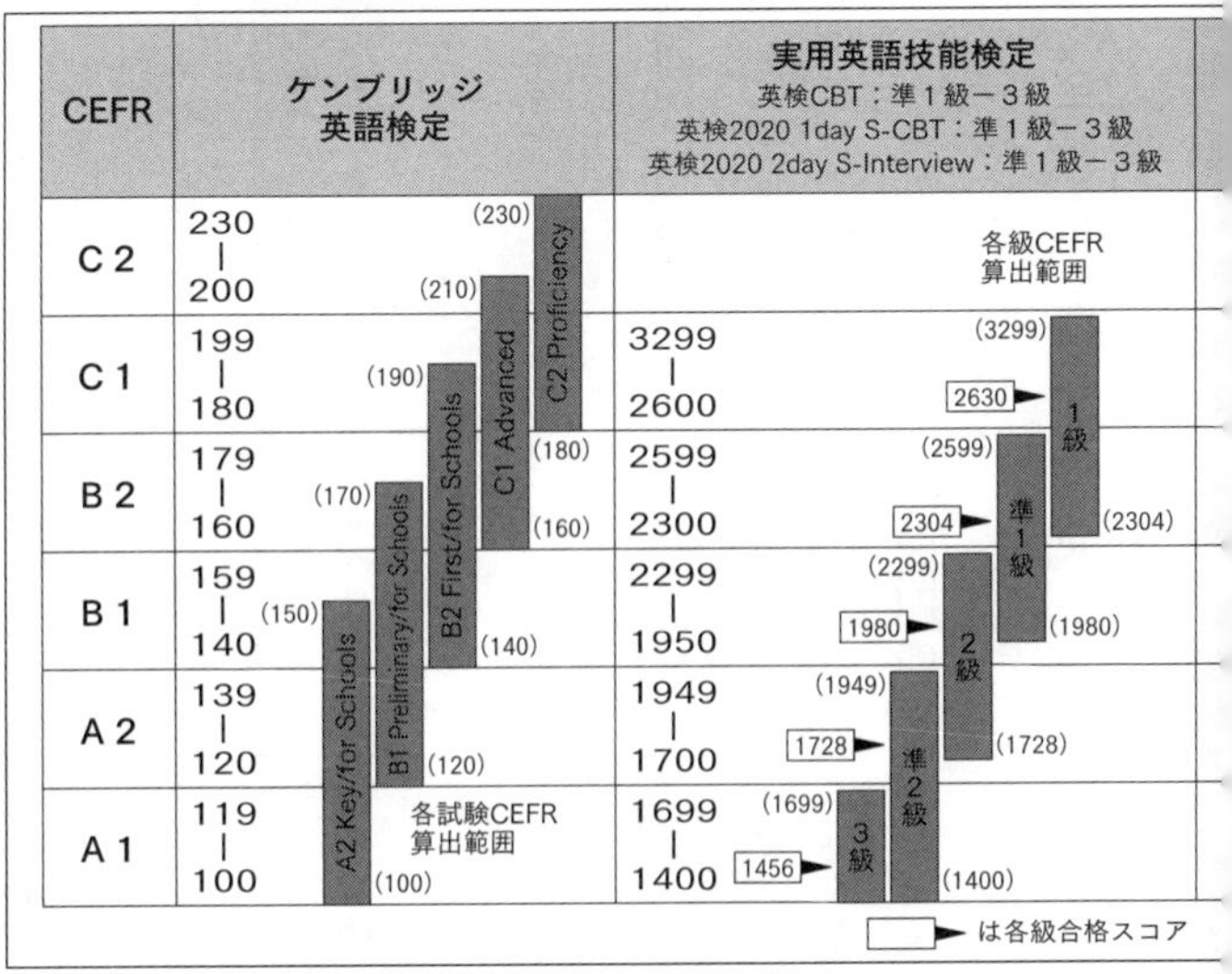

文部科学大臣の選挙応援演説の最中に、大声で大学入試改革の延期を訴えた学生が警察に排除されたからだった。

高校生や大学生、そして高校教師らが演説した。9月6日にも同様の集会があった。規模は約200人に膨《ふく》らんだ。元高校英語教諭が「民間試験の情報を集めるのに時間がかかり、肝心の英語の勉強をする時間が奪われる。延期すべきだ」という高校生のメッセージを代読したと、翌日のメディアが伝えている。

逆ギレを始めた関係者

次に「大学入学共通テスト」の記述式問題について。

2019年4月4日、大学入試改革に取り組む大学入試センターは、2回目のプレテストの結果を発表した。2回目のプレテストでは、記述式問題の正答率の低さをどう改善するか、記述式問題の採点精度をいかに高めるか、記述式問題の自己採点と実際の点数の不一致をどう解消するかなどが課題となっていた。

4月5日の朝日新聞には、中央教育審議会長として高大接続改革の議論を主導した安西祐一郎《あんざいゆういちろう》氏が「正答率が低いのであれば、それは問題が不適切だからではなく教育改革が進んでいないからだ」「受験生のほとんどが0点であっても問題を変えず、解けるようになるよう、授業を変えることを目指すべきだと思う」などと強弁し、まるで学習者おきざりの制度改革観を露呈した。

記述式問題の自己採点が実際の得点と不一致を起こす問題については、大学入試センターの大杉住子《おおすぎすみこ》前審議役が「自己採点自体が、思考力・判断力が必要な作業だ」とコメント。それが十分にある受験生なら、せいぜい100字程度の記述式問題などわざわざ解かせなくてもいいはずだ。「記述式問題を自己採点させること自体に無理がある」という苦しい本音が垣間見られる。

いずれの発言も、「制度の不備」を「他人のせい」にすり替える論理が共通している。大学入試センターがいま、極度に難しいミッションに取り組むハメになってしまっていることに同情はするが、それにしても「それを言っちゃあ、おしまいよ」という話である。

2回目のプレテストの問題は、1回目よりもだいぶ無難な形に戻った印象がある。

やはり1回目のプレテストは、2回目以降のストライクゾーンを大きく感じさせるための「見せ球」だったのだろう。しかしそれでも、右記の発言からもわかるように、課題は山積みのままなのである。

1回目のプレテストにおいて、数学の数式を書かせる2つの問題への正答率は2・0%と4・7%、短文を書かせる問題に関しては8・4%だった。2回目にはそれぞれ5・8%、10・9%、3・4%で、正答率の低さは変わらなかった。これでは差が付きにくい。せっかく手間をかけて解答しても間違える確率が大きいのであれば、記述式問題を後まわしにするという受験テクニックが横行しかねない。それではなんのための記述式導入か。

一方、国語の80~120字の記述式問題の完全正答率は、1回目のプレテストでは0・7%だったが、2回目には15・1%まで上昇した。解答のために必要な条件を、問題文の中でわかりやすく示したことが功を奏した。しかし条件に一致する文章を作業として作文するだけであるならば、膨大な費用と手間をかけて記述式問題を導入する意味があるのかという疑問が生じる。

自己採点にも課題が残った。数学の記述問題の自己採点不一致率は、問題によって6・6％から14・7％だった。国語の記述式問題における自己採点不一致は約３割にも上った。受験生は自己採点をもとに最終的な出願先を決めることになる。自分の本当の点数がよくわからないまま志望校をどこか１つ選ばなければならないとすれば、ほとんどギャンブルだ。

しかも、国語の記述式問題の結果を合否判定においてどのように使用するかにも、大学によって幅がある。というのも、国語の記述式問題に関しては、３問の結果の総合でA～Eの５段階評価が、マーク式の２００点満点とは別に付記される形になったからだ。その判定方法がこれまた複雑怪奇であることは、プレテストの解答サンプルを見ればわかるはずだ。

国立・私立大学のほとんどは、それを点数化して国語全体の２割程度の配点とする方針だが、大学によっては配点比率が違う。東北大は合否判定に使用せず、合否ラインに志願者が同点で並んだ場合にのみ利用する方針。思考力や表現力を見るのなら、個別の選抜試験（いわゆる２次試験）で事足りるとの判断だ。

青山学院大は多くの学部で「大学入学共通テスト」を併用する入試制度を設けているが、2019年9月12日、当初の基本方針を翻《ひるがえ》し、少なくとも初年度の「大学入学共通テスト」に関しては国語の記述式問題を合否判定に利用しないことを発表した。「成績評価方法等に関する様々な懸念点が指摘されていることから」という理由だ。「利用」の方針を打ち出していた他大学の判断にも影響を与える可能性がある。

[資料7] 第2回プレテスト「数学」記述問題正解例

第1問　[1] (あ)

《正答例》　$\{1\} \subset A$

《留意点》

- 正答例とは異なる記述であっても題意を満たしているものは正答とする。

第1問　[3] (い)

《正答例》　$26 \leqq x \leqq \dfrac{18}{\tan 33^\circ}$

《留意点》

- 「≦」を「<」と記述しているものは誤答とする。
- 33° の三角比を用いずに記述しているものは誤答とする。
- 正答例とは異なる記述であっても題意を満たしているものは正答とする。

第2問　[1] (う)

《正答例1》　時刻によらず，$S_1 = S_2 = S_3$ である。

《正答例2》　移動を開始してからの時間を t とおくとき，移動の間における
すべての t について $S_1 = S_2 = S_3$ である。

《留意点》

- 時刻によって面積の大小関係が変化しないことについて言及していないものは誤答とする。
- S_1 と S_2 と S_3 の値が等しいことについて言及していないものは誤答とする。
- 移動を開始してからの時間を表す文字を説明せずに用いているものは誤答とする。
- 前後の文脈により正しいと判断できる書き間違いは基本的に許容するが，正誤の判断に影響するような誤字・脱字は誤答とする。

［資料8］第2回プレテスト「国語」記述問題正解例①

国　　語

第1問　問1		
正答の条件を全て満たしている解答の例		例1　・ことばを用いなくても意思が伝達できること。（21字） 例2　・指さしによって相手に頼んだり尋ねたりできること。（24字） 例3　・ことばを用いなくても相手に注意を向けさせることができること。（30字）
正答の条件		正答の条件は次の３つとする。
		①　30字以内で書かれていること。
		②　ことばを用いない，または，指さしによるということが書かれていること。
		③　コミュニケーションがとれる，または，相手に注意を向けさせるということが書かれていること。
問1の段階	a	条件①～③のすべてを満たしている解答
	b	条件②，③を満たしている解答（①のみ満たしていない）
	c	次のいずれか（①は満たしていても満たしていなくてもよい） 条件②を満たしている解答（③は満たしていない） 条件③を満たしている解答（②は満たしていない）
	d	上記以外の解答 無解答

（注）
正答の条件を満たしているかどうか判断できない誤字・脱字があった場合は，条件を満たしていないこととなる。

参考：問1の段階表

問1		正答の条件 ①	②	③
段階	a	○	○	○
	b	×	○	○
	c	○	○	×
		×	○	×
		○	×	○
		×	×	○
	d	○	×	×
		×	×	×

［資料8］第2回プレテスト「国語」記述問題正解例②

<table>
<tr><th colspan="3">第1問　　問2</th></tr>
<tr><td colspan="2">正答の条件を全て満たしている解答の例</td><td>例1　・（大人は）自分から指示対象を指し示して、単語との対応関係を教えてはくれない。（33字）
例2　・（大人は）適切な対象を手にとって「これが単語に対応するものだ」と教えてはくれない。（36字）
例3　・（大人は）英語の先生がするように、本を手にとって「これが本だ」と教えてはくれない。（36字）</td></tr>
<tr><td colspan="2" rowspan="4">正答の条件</td><td>正答の条件は次の３つとする。</td></tr>
<tr><td>①　40字以内で書かれていること。</td></tr>
<tr><td>②　（大人は）教えてはくれないということが書かれていること。</td></tr>
<tr><td>③　指示対象と単語との対応関係が書かれていること。</td></tr>
<tr><td rowspan="4">問2の段階</td><td>a</td><td>条件①～③のすべてを満たしている解答</td></tr>
<tr><td>b</td><td>条件②，③を満たしている解答（①のみ満たしていない）</td></tr>
<tr><td>c</td><td>次のいずれか（①は満たしていても満たしていなくてもよい）
条件②を満たしている解答（③は満たしていない）
条件③を満たしている解答（②は満たしていない）</td></tr>
<tr><td>d</td><td>上記以外の解答
無解答</td></tr>
<tr><td colspan="3">（注）
正答の条件を満たしているかどうか判断できない誤字・脱字があった場合は，条件を満たしていないこととなる。</td></tr>
</table>

参考：問２の段階表

<table>
<tr><th colspan="2" rowspan="2">問２</th><th colspan="3">正答の条件</th></tr>
<tr><th>①</th><th>②</th><th>③</th></tr>
<tr><td rowspan="8">段階</td><td>a</td><td>○</td><td>○</td><td>○</td></tr>
<tr><td>b</td><td>×</td><td>○</td><td>○</td></tr>
<tr><td rowspan="4">c</td><td>○</td><td>○</td><td>×</td></tr>
<tr><td>×</td><td>○</td><td>×</td></tr>
<tr><td>○</td><td>×</td><td>○</td></tr>
<tr><td>×</td><td>×</td><td>○</td></tr>
<tr><td rowspan="2">d</td><td>○</td><td>×</td><td>×</td></tr>
<tr><td>×</td><td>×</td><td>×</td></tr>
</table>

［資料8］第2回プレテスト「国語」記述問題正解例③

第1問　問3		
正答の条件を全て満たしている解答の例		例1　・話し手が地図上の地点を指さすことで、指示されているのは地図そのものではなく、地図が表している場所であることが聞き手には理解できる。それが理解できるのは、他者の視点に立つ能力があるからである。（95字） 例2　・地図上の地点を指差して「ここに行きたい」と言った場合、「ここ」が示しているのは地図の実際の場所である。それが理解できるのは、指さした人間の位置に身を置くことで、指さされた人間が指さした人間と同一のイメージをもつことが可能になるからである。（119字） 例3　・地図上の地点を指差して「ここに駅がある」と言った場合、「ここ」が示しているのは地図に対応している実際の駅である。それが理解できるのは、指さされた人間が指さした人間の視点に立つことで、実際に示したいものを想像するからである。（111字）
正答の条件		正答の条件は次の5つとする。
		①　80字以上，120字以内で書かれていること。
		②　二つの文に分けて書かれていて，二文目が，「それが理解できるのは」で書き始められ，「からである。」で結ばれていること。 ただし，二文目が「理解ができるからである。」で結ばれているものは正答の条件②を満たしていないこととなる。
		③　一文目に，話し手が地図上の地点を示しているということが書かれていること。
		④　一文目に，話し手が指示しようとする対象が実際の場所だということが書かれていること。
		⑤　二文目に，次のいずれかが書かれていること。 なお，両方書かれていてもよい。 ・指差した人間の視点に立つということ。 ・指差した人間と同一のイメージを共有できるということ。
問3の段階	a	条件①〜⑤のすべてを満たしている解答
	b	条件①，③〜⑤を満たしている解答（②は満たしていない） 条件②〜⑤を満たしている解答（①は満たしていない）
	c	条件③〜⑤を満たしている解答（①，②は満たしていない） または，次のいずれか（①，②は満たしていても満たしていなくてもよい） 条件③，④を満たしている解答（⑤は満たしていない） 条件③，⑤を満たしている解答（④は満たしていない） 条件④，⑤を満たしている解答（③は満たしていない）
	d	上記以外の解答 無解答

（注）
正答の条件を満たしているかどうか判断できない誤字・脱字があった場合は，条件を満たしていないこととなる。

※第2問〜第5問の正解は7ページに示しているとおりである。

［資料8］第2回プレテスト「国語」記述問題正解例④

参考：問3の段階表

問3		正答の条件				
		①	②	③	④	⑤
段階	a	○	○	○	○	○
	b	○	×	○	○	○
		×	○	○	○	○
	c	×	×	○	○	○
		○	○	○	○	×
		○	×	○	○	×
		×	○	○	○	×
		×	×	○	○	×
		○	○	○	×	○
		○	×	○	×	○
		×	○	○	×	○
		×	×	○	×	○
		○	○	×	○	○
		○	×	×	○	○
		×	○	×	○	○
		×	×	×	○	○
	d	○	○	○	×	×
		○	×	○	×	×
		×	○	○	×	×
		×	×	○	×	×
		○	○	×	○	×
		○	×	×	○	×
		×	○	×	○	×
		×	×	×	○	×
		○	○	×	×	○
		○	×	×	×	○
		×	○	×	×	○
		×	×	×	×	○
		○	○	×	×	×
		○	×	×	×	×
		×	○	×	×	×
		×	×	×	×	×

［資料8］第2回プレテスト「国語」記述問題正解例⑤

総合段階

「総合段階」はA～Eの5段階で表されます。

設問ごとの「段階」を下記の表に当てはめます。

問1と問2の結果を縦軸にとり，問3の結果を横軸にとります。

それぞれの結果が重なった部分に記載されているアルファベットが総合段階になります。

次ページに例が載っています。

問1，問2（順不同）	問3：d	問3：c	問3：b	問3：a
a，a	C	B	A	A
a，b	C	B	B	A
a，c	D	C	B	A
b，b	D	C	B	A
a，d	D	C	C	B
b，c	D	C	C	B
b，d	E	D	C	B
c，c	E	D	C	B
c，d	E	D	D	C
d，d	E	E	D	C

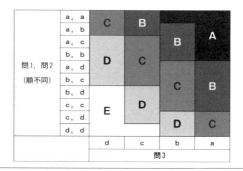

ＡＩに採点させてはいけない理由

　また、今回のプレテストでは、採点基準の共有に、予想以上の時間がかかった。理由について、大杉前審議役は「基準の確定が遅れたため、採点者が理解する時間が不十分だった」と説明している。

　採点はかねてより「専門の業者が行う」ことになっており、このときはベネッセグループが請け負ったが、実際の採点作業をしたのは、約２０００人の大学生および大学院生だった。要するに学生アルバイトである。本番の「共通テスト」の記述式問題の採点もベネッセグループが落札しており、１万人以上のアルバイトを雇って採点に当たることが予想されている。

　規模が大きくなればなるほど、公平な採点を実現するためには、正解の幅を限定するように意図的に作問し、採点基準を極限まで明確化し、機械的に作業を行う必要がさらに高まる。

　素人に機械的に採点させるのであれば、むしろＡＩ（人工知能）に採点させたほうがいいのではないかという話にもなりかねない。巷《ちまた》では「ＡＩにはできないことができる人間を、これからは育てなければいけない」と言われているにもかかわらず、AIに認められる人間かどうかが大学入試合否の基準となり、そのための授業が高校で行われるようになるのだとすれば、大いなる矛盾である。

初年度にあまり高い期待をするのは酷《こく》だとしても、この改革を推し進める先に、理想の大学入試が本当に実現するのだろうか。その先に待っているのはむしろSF小説で描かれるような「ディストピア」ではないか。そんな不安が頭をよぎる。

時を遡《さかのぼ》ること2016年2月29日には、文部科学大臣補佐官（当時）の鈴木寛《すずきかん》氏がダイヤモンド・オンラインに「大学入試の『記述式導入』批判にモノ申す」という記事を掲載している。

2015年12月22日に発表された「記述式問題イメージ例【たたき台】」に対するメディアからの批判への反論である。

記事のなかで鈴木氏は「日本を除くすべての先進国では、入学者選抜にエッセイライティングの能力が求められています」と主張するが、エッセイライティングが求められるのは通常、個別の大学の選抜においてである。

アメリカの「共通テスト」にあたるＳＡＴやＡＣＴにも「エッセイ」があるが、２０１８年ハーバード大学は入学者選抜にＳＡＴやＡＣＴのエッセイを要求しないことを発表した。「ＳＡＴやＡＣＴのような標準テストのエッセイに意味がないことがわかった」という理由だ。アメリカの難関大学のうちたとえばコロンビア大学、コーネル大学、ペンシルバニア大学、マサチューセッツ工科大学などはハーバード大学より以前に、エッセイの要件を撤回していた。

同じ記事のなかで鈴木氏は、記述式問題の導入にはコストがかかることを認めたうえで「人工知能研究にしっかり投資して、日本語処理能力を飛躍的に向上させれば、採点の手間も劇的に改善するでしょう」と述べている。これが大いなる矛盾をはらんだ発想であることは前述の通り。

ボタンははじめから掛け違っていたわけである。この延長線上をいくら進んでも、当初の理念が実現できるとは思えない。

志望大学選びに悪影響も

改革によって得られるものと、生じる混乱のどちらが大きいか。

新テストの実施までもう時間がない。早めに混乱を回避する十分な策がとられなければ、新テストを回避しようとする思惑が、受験生の志望校選びに影響を与えかねない。新テストを回避して、結局従来通りの入試を続ける大学に人気が集まるなどという皮肉なシナリオもあり得る。

ちなみに、これまでセンター試験を利用しての受験ができた私大では、おおむねセンター試験を共通テストに置き換えることによって、従来通りの受験ができる。もともとセンター試験を利用していなかった慶應大は引き続き共通テストも使用しない。上智大は共通テストを利用した入試制度を新設した。

早稲田大は大学入試改革に対して非常に協調的で、2021年に実施される入試（大学入試改革初年度の2020年度と同じ）から、各学部で入試の在り方を改革すると明言している。特に看板学部である政治経済学部においては、これまで独自問題による3科目受験だったものを、大学入学共通テストの英語・数学・国語＋選択科目の4

科目受験を課したうえで独自入試も行う形に変更する。まるで国立大学だ。独自入試は教科の枠を超えた合科型の形式にするとのこと。英語民間試験も全員に課す。英断だが、志願者減は避けられまい。

「ｅポートフォリオ」に関しては、２０２０年度の時点ではほとんどの大学が提出を必須とはしていない。実際の活用が増えてくるとしたら、早くても２０２４年度以降だろう。それでも高校の教員たちは「生徒に不利益があってはいけないから、使用する可能性があるのなら、学校としては導入しなければいけない。でも本当に使われるんでしょうか」と首をひねる。

改革初年度に大学を受験することになるある高校生は「最初はこまめに記入していましたが、こんなに書いてもどうせ大学の先生だって全部読めるはずがないと気づいてやめました」と証言する。

たしかにそうだ。欧米では受験生からの書類を審査する特別の部署「アドミッション・オフィス」がある。日本の企業でいえば人事部採用担当のような部署である。その専門職員が受験生から送られてくる各種書類を審査する。日本の大学でもそのような部署をつくらない限り、「ｅポートフォリオ」のようなシステムを有効活用することは不可能ではないかと私は思う。

一方で、「ｅポートフォリオ」とは別に、ｗｅｂ出願時に主体性・多様性・協働性に関する経験を入力させる私大は増えている。合否判定には使用せず、入学後の参考資料として情報収集するようだ。２０１８年に早稲田大がそのような方針を表明し、明治大、青山学院大、立教大、上智大など有名私大が続いた。大学入試改革の方向性に少しでも歩調を合わせようとする意図だと推測できる。

２０２０年度から新学習指導要領実施

くり返しになるが、大学入試改革は２０２０年度を初年度として、継続的に進められるものである。２０２４年度には新学習指導要領のもとで学習した高校生が大学入試を受けることになるため、そのタイミングに合わせて「大学入学共通テスト」も「高校生のための学びの基礎診断」も新学習指導要領に基づいた内容になる。

新学習指導要領による主な変更点は以下の通り。

●学習指導要領自体が、「何を教えるか」を示すものから「何ができるようにすべきか」「何をどのように学ぶべきか」までを示すものに変質した。

●授業時間数は1977年に改定された学習指導要領と同レベルに戻った。

●各教科の目的においては、(1)生きて働く知識・技能の習得、(2)未知の状況にも対応できる思考力・判断力・表現力等の育成、(3)学びを人生や社会に活《い》かそうとする学びに向かう力・人間性等の涵養の3つの観点で整理した。

●主体的・対話的で深い学び(いわゆるアクティブ・ラーニング)を促進する。

●小学校で外国語教育が教科化され、プログラミング的思考の育成が盛り込まれた。

●小学校・中学校で道徳が教科化され、検定教科書が導入されることになった。

●高校での教科・科目再編。「情報Ⅰ」を新設し、プログラミングなどを必修化。公民科の「現代社会」に代えて「公共」を新設。共通教科として「理数探究」を新設。

そのほか高校では、国語科を「現代の国語」「言語文化」「論理国語」「文学国語」「国語表現」「古典探究」に再編、地理歴史科を「地理総合」「地理探究」「歴史総合」「日本史探究」「世界史探究」に再編するなど科目の再編が多数行われる。

〔現行〕

教科	科目	標準単位数	必履修科目
国語	国語総合	4	○2単位まで減可
	国語表現	3	
	現代文A	2	
	現代文B	4	
	古典A	2	
	古典B	4	
地理歴史	世界史A	2	○
	世界史B	4	
	日本史A	2	
	日本史B	4	○
	地理A	2	
	地理B	4	
公民	現代社会	2	「現代社会」又は「倫理」・「政治・経済」
	倫理	2	
	政治・経済	2	
数学	数学Ⅰ	3	○2単位まで減可
	数学Ⅱ	4	
	数学Ⅲ	5	
	数学A	2	
	数学B	2	
	数学活用	2	
理科	科学と人間生活	2	
	物理基礎	2	「科学と人間生活」を含む2教科又は基礎を付した科目を3教科
	物理	4	
	化学基礎	2	
	化学	4	
	生物基礎	2	
	生物	4	
	地学基礎	2	
	地学	4	
	理科課題研究	1	
保健体育	体育	7～8	○
	保健	2	○
芸術	音楽Ⅰ	2	
	音楽Ⅱ	2	
	音楽Ⅲ	2	
	美術Ⅰ	2	○
	美術Ⅱ	2	
	美術Ⅲ	2	
	工芸Ⅰ	2	
	工芸Ⅱ	2	
	工芸Ⅲ	2	
	書道Ⅰ	2	
	書道Ⅱ	2	
	書道Ⅲ	2	
外国語	コミュニケーション英語基礎	2	
	コミュニケーション英語Ⅰ	3	○2単位まで減可
	コミュニケーション英語Ⅱ	4	
	コミュニケーション英語Ⅲ	4	
	英語表現Ⅰ	2	
	英語表現Ⅱ	4	
	英語会話	2	
家庭	家庭基礎	2	
	家庭総合	4	○
	生活デザイン	4	
情報	社会と情報	2	○
	情報の科学	2	
総合的な探究の時間		3～6	○2単位まで減可

［資料9］ 新旧学習指導要領の科目比較

〔改訂〕

教科	科目	標準単位数	必履修科目
国語	現代の国語	2	○
	言語文化	2	○
	論理国語	4	
	文学国語	4	
	国語表現	4	
	古典探究	4	
地理歴史	地理総合	2	○
	地理探究	3	
	歴史総合	2	○
	日本史探究	3	
	世界史探究	3	
公民	公共	2	○
	倫理	2	
	政治・経済	2	
数学	数学Ⅰ	3	○2単位まで減可
	数学Ⅱ	4	
	数学Ⅲ	3	
	数学A	2	
	数学B	2	
	数学C	2	
理科	科学と人間生活	2	
	物理基礎	2	「科学と人間生活」を含む2教科又は基礎を付した科目を3教科
	物理	4	
	化学基礎	2	
	化学	4	
	生物基礎	2	
	生物	4	
	地学基礎	2	
	地学	4	
保健体育	体育	7～8	○
	保健	2	○
芸術	音楽Ⅰ	2	
	音楽Ⅱ	2	
	音楽Ⅲ	2	
	美術Ⅰ	2	○
	美術Ⅱ	2	
	美術Ⅲ	2	
	工芸Ⅰ	2	
	工芸Ⅱ	2	
	工芸Ⅲ	2	
	書道Ⅰ	2	
	書道Ⅱ	2	
	書道Ⅲ	2	
外国語	英語コミュニケーションⅠ	3	○2単位まで減可
	英語コミュニケーションⅡ	4	
	英語コミュニケーションⅢ	4	
	論理・表現Ⅰ	2	
	論理・表現Ⅱ	2	
	論理・表現Ⅲ	2	
家庭	家庭基礎	2	
	家庭総合	4	○
情報	情報Ⅰ	2	
	情報Ⅱ	2	○
理数	理数探究基礎	1	
	理数探究	2～5	
	総合的な探究の時間	3～6	○2単位まで減可

※文部科学省ホームページより

2024年度の大学入試改革でまた波乱

それにあわせて大学入試改革もさらに推し進められる予定であり、主な検討のポイントは以下の通り。

- **「大学入学共通テスト」の英語をなくし、英語民間試験に完全移行する。**
- **「大学入学共通テスト」の国語の記述式問題の解答の文字数を増やす。**
- **「大学入学共通テスト」の地理歴史・公民分野や理科分野等に記述式問題を導入。**
- **「大学入学共通テスト」の複数回実施。**
- **「高校生のための学びの基礎診断」の本格実施。**

ここで思い出してほしいのが、「高校生のための学びの基礎診断」とは何かである。これは「大学入学共通テスト」と対《つい》を成す、もともと「達成度テスト（基礎レベル）」や「高等学校基礎学力テスト（仮称）」と呼ばれていたものだ。

共通テストの記述式や英語民間試験の話題が盛り上がる一方で、実は「高校生のための学びの基礎診断」は一足先に2019年度から、英語・数学・国語の3教科に関して、民間業者に委託する形で試行実施されている。

民間業者に委託といっても、新しいテストをゼロから開発したわけではなく、基本的に既存の学力試験や検定を文部科学省が認定する形。「大学入学共通テスト」における英語の民間試験導入と同じスキームである。

今回の大学入試改革の設計図ともいえる2016年3月31日の「高大接続システム改革会議『最終報告』」では、「高等学校基礎学力テスト（仮称）」の問題作成の枠組みとして、試験問題を大量に蓄積したデータベースから複数レベルの問題のセットを構築して受験できるしくみを目指すという主旨の記述があり、大学入試センターがそのようなシステムを構築するものだと、私は勝手に思い込んでいた。

しかし2017年7月13日の「高大接続改革の実施方針等の策定について」ではたしかに民間の試験を認定するとある。そこで大きく方針が変わっていたのだが、「大学入学共通テスト」にばかり注目が集まり、「高校生のための学びの基礎診断」について大きく報道されることはなかった。

さらに遡《さかのぼ》れば、2013年10月31日、自民党政権下の教育再生実行会議が出した「高等学校教育と大学教育との接続・大学入学者選抜の在り方について（第四次提言）」に書かれた「達成度テスト」の要件とも結果的にたしかに一致する。すなわち、年間複数回実施し、しかも1点刻みではなく段階別の結果を出し、外部検定試験の活用も検討するということである。

「高校生のための学びの基礎診断」を参考にしながらPDCAサイクル（計画・実行・点検・改善）を回し、高等学校教育改革を行おうというのがもともとの話である。その点検ツールを複数の民間業者のありあわせの試験・検定ですませてよいのだろうか。民間の試験・検定対策問題集を解くことが、これからの高校生の学習スタイルの主流となってしまうのかもしれない。いまは「大学入学共通テスト」の話題でもちきりだが、いずれ批判の矛先《ほこさき》は「高校生のための学びの基礎診断」にも向かうだろう。

それにしても、「大学入学共通テスト」と「高校生のための学びの基礎診断」の実施方針をあわせて見ると、強い批判を受ける矢面に立ちながらも「第四次提言」で示された各方針を部分的にでも実現することで政権の面目を保とうとする役人のけなげさを感じずにはいられない。

これから中学受験を志す親子は、多かれ少なかれ右記のような混乱の影響を受ける心構えをもっておこう。悪影響を最小限にとどめるには、大学入試改革に振り回されるのではなく、教育に対する自分たちの軸をもち、それを貫くことである。

[資料10]「高校生のための学びの基礎診断」に利用される民間試験・検定

「高校生のための学びの基礎診断」認定ツール一覧
【平成30(2018)年度申請分】

(認定期間：2022年3月31日まで)

対象教科	団体名	測定ツールの名称	基本タイプ(※1)	標準タイプ(※2)
国語	(公財)日本漢字能力検定協会	文章読解・作成能力検定 4級	○	
		文章読解・作成能力検定 3級		○
		文章読解・作成能力検定 準2級		○
	(株)ベネッセコーポレーション	Literas 論理言語力検定 3級	○	
		Literas 論理言語力検定 2級		○
数学	(公財)日本数学検定協会	実用数学技能検定 3級	○	
		実用数学技能検定 準2級		○
		数検スコア基礎診断 数Ⅰ・数A(項目別診断)		○
		数検スコア総合診断 数Ⅰ・数A		○
	(株)ベネッセコーポレーション	ベネッセ数学理解力検定		○
英語	(株)教育測定研究所	英検IBA TEST C 4技能版	○	
	ケンブリッジ大学英語検定機構	ケンブリッジ英語検定 A2 Key for Schools(PB/CB)		○
		ケンブリッジ英語検定4技能CBT (Linguaskill リンガスキル)		○
	(株)Z会ソリューションズ	英語CAN-DOテスト レベル2	○	
		英語CAN-DOテスト レベル3		○
	ブリティッシュ・カウンシル	Aptis for Teens (アプティス フォー ティーンズ／中高生向けAptis)		○
	(株)ベネッセコーポレーション	GTEC Advancedタイプ・Basicタイプ・Coreタイプ	○ Core	○ Basic Advanced
3教科	(株)学研アソシエ	基礎力測定診断 ベーシックコース	○	
	(株)ベネッセコーポレーション	進路マップ 基礎力診断テスト	○	
		進路マップ 実力診断テスト		○
		スタディーサポート αタイプ、βタイプ、Θタイプ		○
		スタディープログラム		○
		ベネッセ 総合学力テスト		○
	(株)リクルートマーケティングパートナーズ	スタディサプリ 学びの活用力診断〜ベーシック〜	○	
		スタディサプリ 高1・高2 学びの活用力診断〜スタンダード〜		○

※1：義務教育段階の学習内容の定着度合いを測定することを重視したタイプ
※2：高等学校段階の共通必履修科目の学習内容の定着度合いを測定することを重視したタイプ

※文部科学省ホームページより

第3章

中学受験の志望校選びへの影響

対策は万全という学校は危うい

前章まででで見てきたように、今回の大学入試改革はあらぬ方向に進んでいる。世の中が変わっているから、大学入試を変えて、ドミノ倒しのように高校以下の教育も変えていこうという思惑があったのだが、大学入試が世の中の変化を適切にとらえたものでないならば、それに合わせた教育をしてしまった高校は、世の中の変化からズレた教育を行うことになってしまう。

つまり、いま「大学入試改革への対応は万全です」という学校はむしろ危《あや》うい。大学入試制度が変わること自体は事実なので、生徒たちの不安や混乱を解消するための情報収集やきめ細やかな施策は必要だと思うが、学びの内容そのものを新しい大学入試制度に過剰適応すると、学びの空洞化・形骸化を生じかねない。

たとえば、立体的な思想が練り込まれた長文をじっくり読むのではなく、会話文や図表のなかから要点を瞬時にすくい取るようなトレーニングが横行するかもしれない。そのようなことはＡＩに任せておけばいい世の中になるというのに。

英語の授業は英会話教室のようになってしまうだろう。旅行先で楽しく英語がしゃべれるようになることが目的ならばそれでもよい。はじめはブロークンでも、場数をこなしていけばビジネス英語くらいは身につけられるかもしれない。しかし、コミュニケーションツールとしての英会話能力だけなら、近いうちに小型同時通訳機が代替してくれるはずだ。

外国語を学ぶ本来の意味は、母語を相対化することにある。無意識で扱えてしまっていた母語を、思考の道具として意識的に使えるように磨き上げる際に、外国語を利用して、母語を外から眺めてみる必要がある。そのためには外国語の論理的な学習が必要だ。日本中の高校生が英会話のような外国語レッスンしかしなくなったら、おそらく日本社会全体の思考力は一気に低下する。

2024年度以降、「高校生のための学びの基礎診断」が本格実施されてからの高校の中の様子を想像するのはさらに恐ろしい。生きた教材どころか教科書を扱うことすら減り、民間の学力判定試験や検定の対策問題集が毎日のように宿題として課されることになるかもしれない。いや、一部の高校ではおそらくそうなる。

民間の検定試験対策を学校で行うことが当たり前になってしまったら、将来的には技能系の「○○検定」のようなものまで学校で対策することだってあり得る。それでは中高生のうちに学ぶべきことの優先順位が狂ってしまう。

中学校・高校の役割とは？

大学入試がいかようになろうとも、中高生のうちに学ぶべきこととは何か。

小学校までは世の中のことを具体的な事象をもとに学ぶ。中学校・高校ではそれを抽象的・概念的なレベルで学び直す。人間の認知能力の発達段階に応じて、そのように役割分担されている。

ちなみに教育学上は、日本の中学校と高等学校はまとめて中等教育課程と呼ばれる。本来は不可分なものなので、少なくとも欧米先進国では高校受験のようなものはない。大学に進学することを前提とするならば、日本でいう中高一貫教育が当たり前。逆に大学に行かないと決めたのであれば、中学相当レベルまでを学んだあとは、実業的な課程に進むことができる。

大学に入ってからは、学問の最先端を知り、さらに人類の未知なる領域へと踏み出す術《すべ》を身につける段階だ。

例え話をしてみよう。

「個体発生は系統発生をくり返す」といわれる。たとえばヒトの胎児《たいじ》は胎内で、まるで生物の進化の歴史をたどるように成長する。この世に生まれ出てからも、個体発生が系統発生をくり返しているともいえる。ただしそこから先は、人類の進化の歴史をたどる。

赤ちゃんははじめ、言葉をもたない。知能も低い。その代わりに宇宙を五感で認知していく。音楽や踊りに反応することから他者とのコミュニケーションが増していく。原始の人類がそうであったのと同じだ。

やがて言葉を獲得する。宇宙を理解しようとしはじめる。「なんで空は青いの?」「水平線の向こうには何があるの?」。おそらく古代のひとたちも同じ疑問をもっていただろう。彼らはやがて文字をもつ。

中世になると、これらの素朴な疑問を、科学の力が解き明かしていく。幼児期が古代人に相当するとすれば、大人は現代人。その端境《はざかい》期に当たる思春期は、さしずめ中世から近代における人類の知的進化を追体験する時期だ。教育課程でいえば、中学校・高校がそれに相当する。

人類が数百年をかけて獲得した知的財産を一気に身につけなければならないのだから大変だが、過去の人類が獲得した知的財産の文字情報の部分だけを頭に詰め込んだり、最新機器を用いて中世の科学者の試行錯誤をスキップしてしまったりするのではあまり意味がない。

大事なのは、実際に中世や近代の人々が経験した試行錯誤こそを追体験し、その経験を体中の細胞に染み込ませることだ。中世の科学者が原始的な実験器具を駆使して科学的真理に迫ったのと同じような体験をすることに本質的な意味がある。

それをして初めて本当の現代人として人類のフロンティアに立てる。古代人に毛が生えた程度の状態にあった子どもを人類のフロンティアに立つ現代人に育て上げることこそ、中学校・高等学校の役割であるはずだ。

大学入試改革が高校以下の教育にもたらすかもしれない影響と本来の中学校・高等学校課程の役割を踏まえたところで、いよいよこれからの中学受験の志望校選びの観点を押さえていく。キーワードは、大学付属校、公立中高一貫校、高校募集停止だ。

大学入試改革で大学付属校が人気になる理由

大学入試改革の話が具体的になりはじめたころから、大学付属校人気が高まった。消極的な理由と積極的な理由の2つが考えられる。

消極的な理由は、大学入試改革による混乱を回避したいというもの。大学付属校に行けば、大学入試改革の影響をまったく受けず、内部進学で大学に行ける。当初は「大学入試改革の混乱を避けるために付属校を選ぶなんて邪道だ」と言わんばかりの批判もあったが、いまの混乱を見ればむしろ慧眼《けいがん》だったと認めざるを得ないだろう。

積極的な理由は、大学付属校における内部進学というシステムがすでに高大接続の理念を具現しているということ。高校生のうちから大学の研究所を見学することができたり、大学の先生の授業を受けることができたりする。そのうえで、受験勉強ではなく、探究的な学習に時間を使うことができる。見方を変えれば、大学付属校とは、受験競争の嵐から隔離されてきたいい意味でのガラパゴスであったのだ。

大学受験に規定されない学びを満喫しながら、「どの大学に受かるか」ではなく「どの学部で何をしたいか」に焦点を当てて高校生活をすごすことができる。

大学付属校といえば、かつては「エスカレータ」などと揶揄《やゆ》されることも少なくなかったが、大学入試改革をめぐって社会の中に生《しょう》じた学力観の変化によって、その教育力が見直されているわけである。

また昨今は、大学付属校に通っていても他大学を受験する選択が広がっている。たとえば明治大、中央大、法政大、関西大の付属校は、一定の条件下であれば内部進学資格を保持したまま、他大学受験を認める制度を用意している。他大学に挑戦し、ダメだったら付属の大学に行けばいい。関西地方の大学付属校では医学部進学コースなど、他大学受験を前提にしたコースを設定している場合すらある。

一般入試による他大学受験は認めていなくても、AO入試での受験は認めている学校も多い。一般入試を受験するとなれば、予備校に通うなどの対策が必要となるが、AO入試であれば、いわゆるガチの受験勉強をしなくていい。大学付属校での探究的な学習の成果をそのままAO入試受験の材料に使うことだってできる。

今後大学入試改革が進み、AO入試あらため総合型選抜の枠が増えれば、ますます選択の幅が広がることが見込まれる。

大学入試改革は、あらゆる意味で大学付属校への追い風となった。

大学付属校の教育に関する詳細は拙著『大学付属校という選択』(日本経済新聞社)も参照されたい。

都内の私大が急激に難関化している

そこにさらに大学付属校人気を高める政策が重なった。地方再生の文脈で、2016年から文部科学省が都市圏の大規模私立大学に対し、定員超過の罰則として交付金の減額をちらつかせ、入学定員厳格化を迫ったのだ。しかも2018年5月には、東京23区内の私立大学に2028年3月末まで定員増を認めない法律も成立した。

都市部の大規模私立大学が学生を集めすぎてしまうので地方から優秀な学生がいなくなり地方が衰退していくというシナリオをもとにしている。だが、都市部の私立大学が定員を絞ることで、むしろそれらの大学の偏差値が上昇し、さらにブランド化し

［図３］私立大学の合格者数

	2016年	2019年	
早稲田	17976	14556	▲19%
慶應	9252	8797	▲5%
MARCH 合計	86109	76351	▲13%
関関同立近合計	106691	96398	▲10%

※ MARCH＝明治＋青山学院＋立教＋中央＋法政、関関同立近＝関西＋関西学院＋同志社＋立命館＋近畿。各校ホームページより算出

ていく皮肉な現象が起きた。

実際、都内の有名私立大学は入試合格者数を１〜２割減らしており、入試は難化した（図３）。そのため、「Ａ判定なのに不合格」というように、模試の合否判定が狂う事態が多数報告されている。かつてなら早慶を狙っていたであろうレベルの受験生がＭＡＲＣＨ（明治大・青山学院大・立教大・中央大・法政大）に照準を合わせざるを得ず、同様にかつてならＭＡＲＣＨレベルを狙っていたであろう受験生たちが日東駒専（日大・東洋大・駒澤大・専修大）を受けるというスライド現象も起きている。

各方面への影響が大きすぎたため、文部科学省は２０１９年度に予定していた罰則の強化を見送り、合格者数の減少傾向はいったん収まったものの、２０１６年と２０１９年の有名私立大学の合格者数を比べると、大幅に減っていることが

[図4] 東京都の主な大学付属校の中学入試倍率

		2014年	2019年
早稲田実業	男	3.9	5.2
	女	4.6	6.1
慶應中等部	男	5.6	7.1
	女	7.3	10.2
明大明治（1回目）		8.4	8
青山学院		5.7	7.8
立教池袋（1回目）		6.0	6.6
中大附属（1回目）		3.4	4.9
法政（1回目）		5.9	6.5

※日能研ホームページより作成

わかる。その分、合格最低ラインが上がっているということだ。

付属校をもつような有名大学に入ることがどんどん難しくなっている。だとしたら、中学受験で付属校に入っておいたほうがお得だという感覚はますます強まる。大学付属校の倍率は上昇し、それにともない偏差値も上がる（図4）。

適性検査問題は「共通テスト」そっくり

話は変わる。

「大学入学共通テスト」の問題を一見して、連想するものがある。公立中高一貫校の適性検査問題だ。

もちろんレベルの差は歴然だし、教科別か合科型かという違いはあるが、やたらと会話文が多かったり図表が多かったりという形式がそっくりだ。公立中高一貫校の適性検査問題を抵抗なく解けるタイプの子どもなら、大学入学共通テストに対してもひるむことなく実力を発揮できるだろう。

公立中高一貫校の適性問題とその対策法については拙著『公立中高一貫校に合格させる塾は何を教えているのか』（青春出版社）を参照されたい。

実際、公立中高一貫校対策を得意とする塾で「記述式問題イメージ例【たたき台】」を12歳の中学受験生たちに解かせてみたところ、多くの子どもたちが見事な答案を書き、正解したという。ある程度の学力レベルの中学受験生であれば12歳でも解けてしまうような問題なのだ。仮に12歳時点では解けなくても、中学受験勉強をしっかりしたような子どもであれば、6年後には解けるようになっていることだろう。

公立中高一貫校の生徒なら、「大学入学共通テスト」の出題形式は得意なはず。その意味で、今回の大学入試改革は公立中高一貫校にとっての追い風になる。首都圏では特に高倍率な公立中高一貫校が、さらに人気になる可能性がある。

現在、東京都内には11の公立中高一貫校がある。そのうち10校が都立、1校が区立だ。都立10校の平均倍率は6・02倍の高倍率。6人受けても5人は落ちる狭き門となっている。

倍率上昇に伴い偏差値も上がる。公立中高一貫校の適性検査は、教科に分かれていない合科型なので、一般的な中学受験用の模試の偏差値に換算することは本来不適切ではあるのだが、単純に2019年の首都圏模試結果偏差値表を見ると、都立小石川や県立千葉、市立横浜サイエンスフロンティアが偏差値70超えとなっている。これは私立最難関校と互角に肩を並べる数字であり、2010年と比較するとこの10年足らずで格段に難関化が進んでいることがわかる（図5）。

公立中高一貫校人気を受けて、私立中高一貫校の入試にも変化が表れている。これまでの四教科型・二教科型入試に加えて、適性検査そっくりの入試を実施する学校がいま急激に増えているのだ。当初は、惜しくも公立中高一貫校に不合格になってしまった子どもたちの受け皿として一部の私立中高一貫校が始めたものだった。

しかしそのような入試形式でも優秀な生徒をとることができるとわかり、他校も積極的にまねするようになった。いまでは首都圏の私立中高一貫校の約半数が適性検査

［図５］首都圏の主な公立中高一貫校の偏差値

中学校・中等教育学校名			2019年	2010年
千代田区立九段中等教育学校	区分B	男	64	56
		女	65	56
東京都立桜修館中等教育学校		男	65	58
		女	67	58
東京都立大泉高等学校附属		男	64	56
		女	65	56
東京都立小石川中等教育学校	一般枠	男	72	61
		女	72	62
東京都立立川国際中等教育学校		男	63	58
		女	63	58
東京都立白鷗高等学校附属	一般枠	男	62	58
		女	64	57
東京都立富士高等学校附属		男	64	55
		女	63	55
東京都立三鷹中等教育学校		男	65	54
		女	67	54
東京都立南多摩中等教育学校		男	64	56
		女	65	57
東京都立武蔵高等学校附属		男	64	59
		女	65	60
東京都立両国高等学校附属		男	68	60
		女	66	60
神奈川県立相模原中等教育学校		男	68	56
		女	71	56
神奈川県立平塚中等教育学校		男	64	51
		女	65	51
千葉市立稲毛高等学校附属		男	66	57
		女	65	58
千葉県立千葉		男	71	67
		女	72	67
さいたま市立浦和		男	66	58
		女	66	59

※首都圏模試センター「結果偏差値80%」より作成

型もしくはそれに準ずる形式の入試を実施している。そのことについては第4章で詳述する。

公立中高一貫校が国際バカロレアに続々対応

公立中高一貫校をめぐっては、いまさらに新しい動きが目白押しだ。

2019年春にはさいたま市立大宮国際中等教育学校が開校した。「国際バカロレア」を申請予定という触れ込みで初年度から人気を博し、定員160人に対して1010人の志願者があった。

「国際バカロレア」とは国際的な大学入学資格認定制度で、まさにグローバルな教育を受けたという証《あか》しになる。それが学力保証になり、国際バカロレアを認めている世界中の大学へのフリーパスが得られる。

第1章で触れた教育再生実行会議の第四次提言「高等学校教育と大学教育との接続・大学入学者選抜の在り方について」(平成25年10月31日)においても「大学は、入学者選抜において国際バカロレア資格及びその成績の積極的な活用を図る。国は、そのために必要な支援を行うとともに、各大学の判断による活用を促進する」と言及がある。高大接続プランの青写真の1歩も2歩も先を行く国際標準の教育プログラムなのだ。

「国際バカロレア」申請予定の公立中高一貫校としては、広島県立広島叡智《えいち》学園と大阪市立水都《すいと》国際中学校・高等学校も２０１９年に開校している。札幌市立中高一貫校の札幌開成中等教育学校は２０１５年に開校し、すでに「国際バカロレア」の「ＤＰ課程」の認定を受けている。

「国際バカロレア」認定校になるには莫大な費用が必要で、単体の私立中高一貫校では資金的に難しい。大学付属校や国公立など資金的に大きな後ろ盾がないとなかなかできない。私立中高一貫校との大きな差別化ポイントとして、今後も「国際バカロレア」対応を打ち出した公立中高一貫校が続々出現する可能性がある。

都立中高一貫校が高校募集を停止

茨城県はこれから県立中高一貫校開校ラッシュとなる。２０２０年には太田《おおた》一高、鉾田《ほこた》一高、鹿島《かしま》高、竜ケ崎《りゅうさき》一高、下館《しもだて》一高が中高一貫校化する。2021年には水戸《みと》一高、土浦《つちうら》一高、勝田《かつた》高、2022年には下妻《しもつま》第一、水海道《みつかいどう》第一も。

特に水戸一高と土浦一高は、県立進学校のツートップ。それらがそろって中高一貫校化するというのは、関東圏では県立千葉の中高一貫校化以来の衝撃だ。

水戸一高と土浦一高に関しては引き続き高校募集も実施するが、中学校からの入学者がいるぶん、当然募集人数は絞られる。つまり県下のトップ校の狭き門が、さらに狭くなる。だとすると、これまで高校受験に焦点を当てていた茨城県の学力上位層が中学受験にシフトする可能性は非常に高い。茨城県では今後急速に中学受験文化が広まるだろう。

埼玉県では2021年に川口《かわぐち》市立高が中高一貫校化する。

東京都立中高一貫校にも大きな変化が予定されている。2021～2022年にかけて、これまで高校からの募集枠を設けていた大泉《おおいずみ》、白鷗《はくおう》、富士《ふじ》、武蔵《むさし》、両国《りょうごく》の5校が高校募集を停止する。これで都内に11あるすべての公立中高一貫校が完全中高一貫校化することになる。立川国際においては2022年に小学校まで併設される。

大学入試改革の混乱のなかでこれらの学校が大学進学実績を伸ばすようなことがあれば、さらに全国で公立中高一貫校ブームが起こり得る。

豊島岡や本郷が高校募集をやめるわけ

さきほどすべての都立中高一貫校が高校募集をやめると述べたが、似たような動きが都内の私立中高一貫校にもある。

すでに都内では、多くの私立中高一貫校が高校からの募集を停止し、完全中高一貫校化している。さらに本郷《ほんごう》、成城《せいじょう》、豊島岡《としまがおか》という人気の進学校3校が2019〜2022年にかけて次々と高校募集をやめるのだ。

なぜいま高校募集停止なのか。

そもそも6年一貫教育と3年間のみの2つのカリキュラムを併走させるのは難しい。それでもかつて多くの私立中高一貫校が高校募集を行っていたのは、中学受験をしなかった学力上位層を高校から取り込めたからである。

しかし昨今は、都立高校の大学進学実績の伸長が目覚ましい。さらに大学入試改革の影響もあって大学付属校も魅力的に見える。中学受験をしなかった学力上位層が都立高校や大学付属校にもっていかれてしまうケースが増えたのだ。

日比谷《ひびや》、西《にし》、国立《くにたち》の都立トップ校集団と、いわゆる都立二番手校の差は大きい。そこをかろうじて埋めていた私立高校募集枠が減る。都内の高校受験学力上位層の選択肢はいよいよ限られる。上位私立高校としては早慶をはじめとする大学付属校や開成はまだあるが、どこも都立トップ校と同じかそれ以上に難易度は高い。

高校受験で日比谷や西や国立《くにたち》あたりの都立トップ校に確実に入る自信がないのであれば、中学受験で手頃なところに入っておいたほうが安心という心理が働く。実際に、「いざ高校受験の志望校選びの段階になって、自分たちの世代とは状況が大きく変わっていることを知り、驚いた。こんなに選択肢が少なくなっているのなら、中学受験をさせておけばよかった」という声を多数聞く。

そこでいま逆に、高校募集を開始する私立中高一貫校が見られるようになった。2017年には麴町《こうじまち》学園女子と聖ヨゼフ学園が、2018年には中村《なかむら》（国際科）、和洋《わよう》九段《くだん》女子（グローバルコース）、捜真《そうしん》女学園、横浜富士見丘学園が、2019年には関東学院六浦《むつうら》が、2020年度には中村（普通科）、聖セシリア女子が高校募集を開始した。中学受験では中堅校と呼ばれる偏差値帯にある学校が、高校受験でのエアポケットを埋めることになる。

公立高校と私立高校が、まるで1つの生態系のように、状況に応じて相互に役割を補完し合っているのがわかるだろう。

県下トップ校がそろって中高一貫校化してしまう茨城県や、私立上位校が高校受験から撤退する東京都の状況を見ればわかるとおり、中学受験をするか否《いな》かを判断するためには、高校受験の動向までをも視野に入れておく必要がある。

帰国子女は楽じゃない⁉

海城《かいじょう》は2011年には高校募集をやめている。代わりに中学入試に帰国生枠を設けた。グローバル化が進む時代において、学校の中に多様性を取り入れようという発想だった。同様に、帰国生はいま中学入試において引っ張りだこである。

学校の中に海外の風を運んでくれるという意味合いもあるが、大学入試改革との兼ね合いもある。大学入試改革は英語の4技能を総合的に判定する方向に進んでおり、帰国生に圧倒的に有利になる。

英語は大学受験において、問題の当たり外れがあまりなく、実力通りの成績を取りやすい教科である。英語が得意ならそれが座布団となり、大学受験が有利に進められる。その意味で、帰国生は今後、大学入試で良い結果を得やすくなる。

さらに、教室のなかに一定数の帰国生がいることで、英語の授業のレベルアップが望める。教員が無理してオールイングリッシュの授業をしなくても、帰国生が本場の英語のお手本を見せてくれる。それがまわりの生徒にもよい刺激を与えるのだ（もちろん英語が話せない帰国生も一定数いるのだが）。

またそもそも海外赴任の機会があるような親は、経済的には裕福で、教育には熱心で、生活の文化度も総じて高いと推測できる。そのような家庭で育った子どもは、たとえ四教科型の中学受験勉強をガリガリやっていなくても、ポテンシャルが高いので、6年間あれば他教科でも良い成績をとることが多いのだ。

しかし帰国生だってただ楽をしているわけではない。幼くして見知らぬ国に移り住んだときには、マイノリティーとして、言葉や文化の壁に阻まれて悔しい思いや悲しい思いをたくさん経験してきている。やっと慣れたと思ったころに日本に帰国して、海外の学校とはまるで違う雰囲気に面食らうことも少なくない。

東京都昭島市にある啓明学園は、1940年に帰国子女のためにつくられたという珍しい歴史をもつ学校だ。

「帰国生は戸惑《とまど》いを感じることも多い」と、同校国際センター主任は言う。制服を着なければいけなかったり、集会で整列させられたり、日本の学校文化は海外のそれとは違う。用事があって部活を休めば、「やる気がない」と言われてしまう。時間に関する感覚も違うため、「時間にルーズ」というレッテルを貼られることもある。海外ではうまくやっていたのに、日本の社会では「ダメなひと」といわれてしまう。

文化をまたいで成長する子どもたちは、決して楽をして多言語や多文化を身に付けているわけではない。異文化での生活の長さや、日本の文化との違いによって千差万別の困難さを抱えている。そのことへの細やかな配慮が、これからのグローバルな世の中にはますます求められるようになるだろう。

帰国生として中学受験に挑戦する親子は、そういう観点も含めて学校を選んだほうがいい。

変化の時代にこそ「不易流行」

再び話は変わる。

首都圏模試センターによれば、2019年の中学入試では、私学を代表する定番の難関校が受験者数を伸ばす傾向が見られたとのこと。男子校では麻布、駒場東邦、武蔵、栄光《えいこう》、筑駒《つくこま》、海城、本郷、浅野《あさの》など。女子校では女子学院、雙葉《ふたば》、フェリス、横浜雙葉、鷗友《おうゆう》、吉祥女子《きちじょう》、立教女学院など。開成と桜蔭《おういん》もほぼ前年並みだった。

さまざまな要因があるだろうし、個別の事情も違うのだが、ひとつの見方としては、大学入試改革への期待感が薄れ、オーソドックスな志望校選びへの揺り戻しが起こったのではないかということだ。中学受験に限らず、変化の激しい時代には、つい「新しいことは良いことだ」という思考になりやすい。それで一時期、やたらと〝時代の最先端〟を打ち出す学校に人気が集まった時期があったのだ。

ただし、第1章でも触れたとおり、大学入試改革で大学入試が大きく変わるから伝統的進学校が凋落するという考えはそもそも間違いである。むしろ、大学入試改革が本来目指していたと考えられる欧米型の大学入試が日本でも実現するのなら、それこそ中高一貫校としての歴史が長い学校が有利になる。なぜか。

脱ペーパーテスト路線とは、詰め込み教育や偏差値教育と呼ばれる知識偏重型教育へのアンチテーゼであり、大学受験対策に特化した付け焼き刃の学力では入試を突破できないようにしようということだ。つまり、時間をかけてじっくりと育んできた学力や、思考や経験の積み重ねこそを評価の対象にしようということ。要するに、短期集中の受験勉強による一発逆転がしにくくなるということである。

その点、中高一貫校では高校受験対策の必要がないので、中学生のうちは目先の1点2点を気にせずに学習ができる。

たとえば理科ではたくさんの実験や観察を行い、レポートを書く訓練に時間を費やせる。社会では実際の社会問題に対してディスカッションやディベート形式で認識を深められる。宿題も、基礎知識の暗記ではなく、レポート形式が中心となる。英語においても、少々の文法的な間違いを気にせずに、おおらかな気分で取り組める。数学や国語など、受験の主要科目においても、自ら課題を発見し、解決の手段を探り、論文にまとめる訓練をくり返す。

さらに、名門校と呼ばれるようないい学校ほど、実は大学受験に特化した授業をもともとしていない。まさにリベラルアーツと呼べるような、教科横断型のアクティブ・ラーニングを当たり前のように行っている場合が多い。

名門校と呼ばれるような学校の生徒たちは「ペーパーテストの達人」というイメージをもたれやすいが、実際は、彼らはペーパーテストだけができるのではない。総合的な学力の一部として、ペーパーテストでも高い成果を上げることができるのだ。各種国際科学オリンピックや英語スピーチ大会、模擬国連などで活躍する高校生に、名門校と呼ばれるような学校の生徒が圧倒的に多いことが、その証拠である。

名門校の名門校たるゆえんについては、拙著『名門校とは何か？』（朝日新聞出版）を参照されたい。

現状においては今回の大学入試が欧米型の大学入試を日本で実現する可能性はかなり低いが、万が一そうなったとしても、そのときこそ、これまで時代に振り回されず中高生のうちに学ぶべきことを愚直に伝え続けてきた名門校が本領を発揮するはずなのだ。

大学入試改革の話が浮上しはじめたころ、「伝統校こそ変化についていけず、衰退していくのでは?」という主旨でいくつものメディアから取材を受けた。しかし私はそのたびに、「変化の激しい時代にこそ、本質を大事にする学校が生き延びる」と答えていた。考えてみてほしい。激しい嵐が去ったあと、残っているのは、大地に広く深くしっかりと根を張った木である。目に見える枝葉の形に惑わされてはいけない。

これからの時代の中学受験志望校選びの鉄則は、学校としてはしっかりと根を張り不動を保ちながら、個々の教員の裁量と自由度が大きく、時代の変化には個々の教員レベルでそのつど小回り良く変化・対応するような学校を選ぶことだ。「不易流行」の精神である。

第4章

中学入試に表れた新しい出題傾向

教科の枠組みを超えた中学入試が出現

２０１４年12月22日の中央教育審議会による「新しい時代にふさわしい高大接続の実現に向けた高等学校教育、大学教育、大学入学者選抜の一体的改革について」では、いずれ教科の枠を撤廃し、大学入試で「合教科・科目型」「総合型」のテストを実施するとの青写真が描かれていた。

しかし実は中学入試においては、すでに「合教科・科目型」「総合型」の入試が、首都圏の約半数の学校で実施されている。なかにはペーパーテストの枠組みすら超えた「アクティブ・ラーニング入試」といえそうなものもある。

大学入試を変えることで高校以下の教育を変えるというのが大学入試改革の目論見だ。しかしなんのことはない。中学入試においては大学入試の思惑をはるかに超える速さで、時代の変化に対応しているのである。

象徴的で、メディアでもたびたび取り上げられているのが、聖学院《せいがくいん》の入試だ。

いくつか種類があるなかで、まずは２０１９年の『M型思考力入試』の問題を見てみよう。「M」には「変容する（metamorphose）」「数学（mathematics）」「メタ認知

(metacognition)」の意味が込められている。試験時間は60分間。問題&解答用紙と資料集が配布される。

問題は大きく4つのパートに分かれている。「発見体験　その1」「発見体験　その2」「新たな問いの探求」「200字まとめ」。

「発見体験　その1」の問1は、資料集にある、東京とプノンペン（カンボジア）の観光スポットの写真を見比べながら、その共通点と相違点を自由にメモ的に挙げてみるというもの。文字数制限はない。箇条書きでもよい。

「発見体験　その1」の問2は、資料集にある、日本とカンボジアの基礎データを比較する。面積、人口、年代別人口構成、言語、平均寿命、教育事情、GDP、主要産業、気候などのデータがある。そこから「読み取れること」と「疑問に思うこと」を自由にメモ的に書き出してみる。

「発見体験　その2」では、カンボジアから来た小学6年生の男の子を、東京のどこに連れて行ってあげたいかを、その理由とともに答える。解答欄は5つあるが、すべてを埋める必要はない。資料集の写真のなかから選ぶ必要もない。

ただし「遊園地！　このまえ家族と行って、とても楽しかったから」ではダメだ。日本とカンボジアについての情報を頭にインプットしたうえで、それを根拠にして、どんなところに連れて行ったらカンボジアの子どもが喜びそうかを考えるのだ。資料から情報を取り出す力、他者性、論理的思考力などが試される。

「新たな問いの探求」では、思いがけないことが起こる。せっかく予定表をつくったのに、それをカンボジアから来た男の子に見せたところ、あまり乗り気でなさそうだというのだ。彼が喜ぶ予定にアレンジするためには、どんな質問をすればいいと思うか、その理由とともに答える。質問は最低3つ書かなければいけない。

課題発見・解決能力が試されている。自分のプランのどこに欠陥があるかを突き止める質問と同時に、相手のニーズを引き出す質問もしなければいけない。

「200字まとめ」では、アレンジしたプランをもとに、実際に東京を案内して回る際、どんなことに気をつけようと思うかを答える。また、逆に自分がカンボジアに行くことになったらどのようなことを知りたいかも答える。

一問一答的な「正解」はない。国語・算数・理科・社会という枠組みもない。それでいて、解答を丁寧に見ていけば、受験生の着眼点、類推力、表現力、資料から情報を抽出する能力、論理的思考力、課題発見能力、調整力、コミュニケーション能力、他者性、思いやりまでをも見ることができる。採点者も楽しいのではないかと思う。そこに受験者と出題者の対話が生まれる。

この60分間の試験のあとに30分間の数学分野のペーパーテストがあり、そこで入学に必要な最低限の基礎学力があるかどうかは試す。

［資料11］聖学院の『M 型思考力入試』①

聖学院中学校

M型思考力入試

2019年2月2日（土）

試験時間：15：00〜16：00（60分）

試験注意事項
・試験監督者が合図するまで冊子を開かないこと。
・試験監督者が終了の合図をしたら、鉛筆を置くこと。
・試験中、体調の不良などがある場合は手を挙げ、監督者を呼ぶこと。

受験番号	
座席番号	
氏　　名	

[資料11] 聖学院の『M 型思考力入試』②

発見体験 その1

問1： 資料①の写真は、東京都を訪れた外国人観光客に人気のスポットと、カンボジアの首都プノンペンの人気観光スポットです。東京とその国の観光スポットについて、共通点と相違点（異なる点）を挙げてみましょう。

共通点

相違点

2

［資料11］聖学院の『M型思考力入試』③

問2：　資料②は日本とカンボジアの情報です。これらの情報から読み取れることを書きだしてみましょう。また、これらの資料を見て「なぜ？」「どうして？」と思うこと、疑問点があれば書きだしてみましょう。

読み取れること

疑問に思うこと

3

[資料11] 聖学院の『M型思考力入試』④

発見体験 その2

問1： カンボジアから小学校6年生の男の子が東京に遊びに来ることになり、あなたが東京を案内することになりました。東京のどこに連れて行ってあげたいですか。また、なぜその場所を選んだのか、理由も書きましょう。資料①で挙げられた場所である必要はありません。また、何か所を選ぶかも自由です。

選んだ場所①

理由：

選んだ場所②

理由：

4

[資料11] 聖学院の『M 型思考力入試』⑤

選んだ場所③

理由：

選んだ場所④

理由：

選んだ場所⑤

理由：

5

［資料11］聖学院の『M 型思考力入試』⑥

新たな問いの探求

日本に到着した彼に、予定表を見せてみました。すると、あまり乗り気ではない表情を見せてきました。彼に楽しんでもらいたいと思ったあなたは、彼にいくつかの質問をすることにしました。どのような質問をすれば、よりよい予定を考えられますか？　その質問を 3 つ以上考えて見ましょう。また、なぜその質問をするのかの理由を書きましょう。

質問①

理由

質問②

理由

6

[資料11] 聖学院の『M 型思考力入試』⑦

質問③

理由

質問④

理由

質問⑤

理由

7

200字まとめ

＊実際に観光をする日がきました。彼がより東京を知り、楽しむために、あなたが気をつけようと思うことはなんですか？　また、今度、あなたが彼の国へ訪れることになったら、どのようなことを知りたいと思いますか。

200字

8

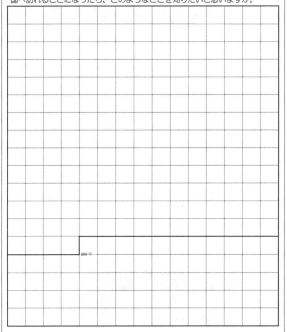

[資料11] 聖学院の『M 型思考力入試』⑨

資料①

東京の人気スポット　(ランキングではありません)

①浅草・浅草寺・雷門

②東京タワー

③東京スカイツリー

④渋谷

［資料11］聖学院の『M 型思考力入試』⑩

⑤銀座

⑥秋葉原

⑦皇居

⑧東京駅

⑨築地

[資料11] 聖学院の『M型思考力入試』⑪

プノンペンの人気スポット　（ランキングではありません）

① 王宮：現在の国王が住んでおり、執務（仕事）を行う場所

② シルバーパゴダ：王室の菩提寺であり、祭礼が行われていた場所

③ 国立博物館：カンボジアの歴史や彫刻・仏像（国宝級）が多数展示されている

［資料11］聖学院の『M 型思考力入試』⑫

④ ワットプノン：プノンペンの名前の由来になった街のシンボル的なお寺

⑤ 独立記念塔：フランスからの独立（1953 年）を記念して建てられた記念塔

⑥ ロシアンマーケット：カンボジアのお土産を買う有名な市場。庶民の台所としての生鮮食品も扱っている。

[資料11] 聖学院の『M 型思考力入試』⑬

資料②

カンボジア

日本

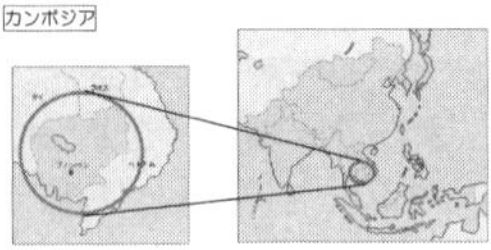

首都： プノンペン

国土面積： 18.1 万㎢

首都プノンペンの面積： 678.5 ㎢

人口（全土）： 1601 万人（2017 年推計）

人口（プノンペン）： 183.5 万人（2016 年）

首都： 東京

国土面積： 37.8 万㎢

東京の面積： 2188 ㎢

人口（全土）： 1 億 2667 万人（2017 年推計）

人口（東京）： 1365 万人（2016 年）

カンボジアの人口ピラミッド

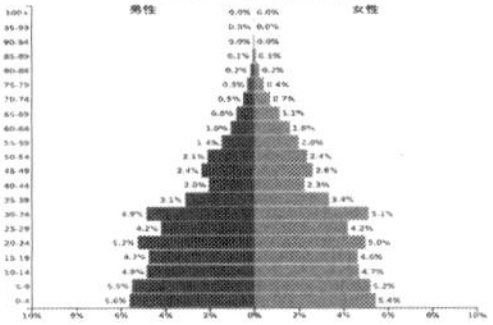

日本の人口ピラミッド

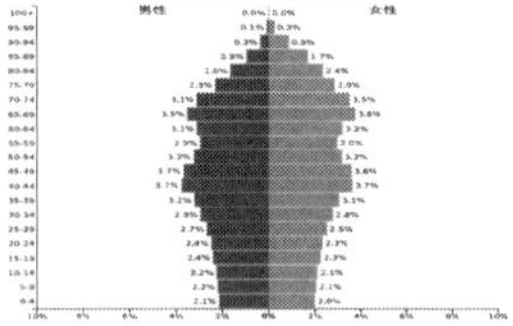

	カンボジア			日本		
主要言語	クメール語			日本語		
平均寿命（才）	全体	男性	女性	全体	男性	女性
	69.4	67.3	71.2	84.2	81.1	87.1
小学校を途中で辞めてしまう割合	53.1%（2013）			0.2%（2011）		
成人の識字率（文字の読み書きができる）	78.3%（2015）			99%（2014）		
GDP（国内総生産）	200.2 億ドル（2016）			5 兆 4200 億ドル（2017）		
主要産業	農業、縫製業（衣類を作る）、建設業、観光業			製造業、IT 産業、エネルギー産業		

気候

カンボジアの気候

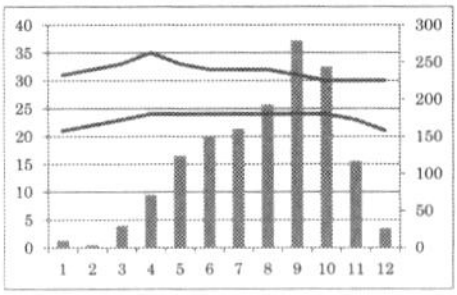

日本の気候

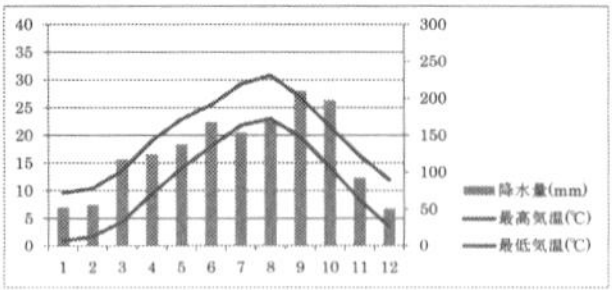

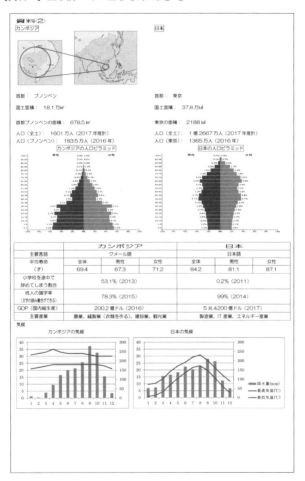

脱ペーパーテストの中学入試も登場

もう1つ、聖学院の2019年度『難関思考力入試』も見てみよう。こちらはペーパーテストの域を超えている。試験時間は100分間（途中で10分間の休憩あり）。テーマは「パラリンピック」。問題＆解答用紙と資料集が配られるのは『M型思考力入試』と同じだが、数学分野のペーパーテストを行わない代わりに面接がある。

問1では、パラリンピックに関する資料から読み取れることを自由にメモ書きする。箇条書きでもいい。資料集には、正式競技種目、障がいの種類などパラリンピックの概要や、参加国数、参加者数、テレビ放映、チケット売上やボランティア数、認知度、観戦経験、過去の観戦者のコメントなど、幅広いデータがある。着眼点は無数にあるといっていい。

問2では、教員がロンドンパラリンピックでのPR戦略に関するインタビュー記事を約5分間で読み上げるのを聞き取って、解答用紙にメモを取る。途中、ロンドンパラリンピックのためにつくられたCM動画も視聴する。

なぜ、入試で聞き取りなのか。授業中の話をしっかり聞いて、整理して、理解することができるかどうかを試していると考えられる。

問1では資料から、問2は話し言葉から、自分の気になったことをメモに取り、整理し、頭にインプットする。それらを前提に、問3では「パラリンピック成功のために必要なこと」と「2020東京パラリンピック成功をはばむ問題点」について解答欄に記入する。バラバラの情報を統合し、目標設定とリスクマネジメントの両方の視点で答えなければならない。社会人向けの企業研修で出されてもおかしくない高度な課題である。

問4ではなんと、レゴ®ブロックを使用する。「2020東京パラリンピックを成功させるために、私たちは何をすればよいでしょうか？　レゴで作品をつくってください」という問題だ。

問1と問2でパラリンピックに関する全体像を把握し、問3ではパラリンピック成功の法則と東京大会においてその障害となるものを明確化しておいたうえで、その障害を乗り越える方法を、レゴを使って表現させるのだ。

なぜレゴなのか。聖学院には企業研修などで利用される「レゴシリアスプレイ」というプログラムのファシリテータ資格をもつ教員が複数いて、日々の授業でもその手法を取り入れている。それを入試にも応用したのだ。「レゴシリアスプレイ」は、社会人のためのチームビルディング研修として多く利用されているプログラムで、ＮＡＳＡでも導入された実績がある。

試験会場となる教室の数カ所に置かれたレゴブロックの山から、必要なブロックを選んで自分の机に持ち帰り、作業を始める。問３までで想起した問題意識を解決する方法を、レゴを触りながら形にしていく。幼いころレゴでたくさん遊んだ経験のある子どもなら、自然に体が動くはずだ。そのころと同じように、まだ言葉になっていない発想を直接形にできることが、レゴを使用するメリットである。

問５では、問４でつくったレゴの作品について１５０字程度で説明する。そこで初めて作品の意図を言語化する。

問６が最後の問題。「東京パラリンピックの成功が、２０２０年以降の社会にどのようにつながっていくか、あなたの考えを記述してください」。これも１５０字程度で答える。

最後の問題では一気に視野を広げなければいけない。それまで東京パラリンピックの成功を目標として思考してきたが、その取り組み自体がその後の社会にどのような影響を与えるのかを考えさせるのだ。東京パラリンピックの成功のために必要なことを一度抽象化し、それを社会全体の課題に置き換える。東京パラリンピックの課題と社会全体の課題の間に相似形を見出し、東京パラリンピックの成功という枠の中で思いついたアイディアを、社会全体に敷衍《ふえん》する。非常に高度な思考が要求されていることがわかる。

資料だけが与えられ、いきなり「2020東京パラリンピックを成功させるために、私たちは何をすればよいでしょうか？　150字以内で答えなさい」と聞かれても、何から手を付けていいのかわからず固まってしまう子どもは多いはずだ。しかしまずはレゴブロックで表現するプロセスを経ることで、言葉があとから付いてくる。

数々の知見から、男の子は女の子よりも言語運用能力が低いとの説が有力だ。しかもまだ12歳。せっかく優れた発想力や高度な思考力をもっているのに、自分の考えを言語化するのがまだ不得意であるがゆえにそれらが評価されないのはもったいない。

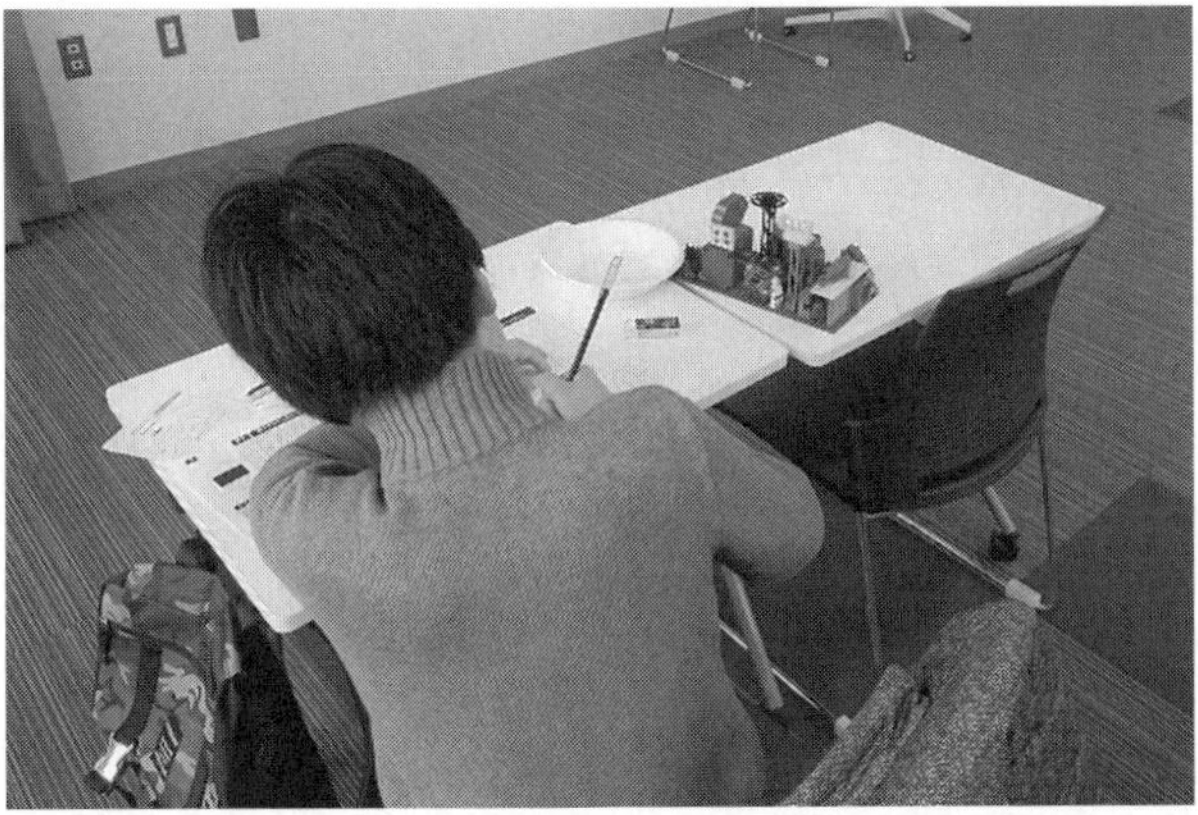

聖学院の『難関思考力入試』の様子（写真提供：首都圏模試センター）

従来の〝読んで書いて答える形式の試験〟では光を当てられなかった能力に光を当てるために考案された入試方法である。

しかも試験終了後、4人1組になってお互いの作品について説明を行う。みんなの話を聞いたうえでもう一度席に戻り、ほかのひとの作品から参考にしたいと思ったことや自分の作品への改善点をシートに書く。この一連のプロセスも評価の対象となっている。対話的な学びができるかどうかを見ているわけだ。

そのあと一人一人面接を行い、書き言葉にはなっていない思いや意欲までも余すところなく拾い上げる。

これが最先端の中学入試問題の一例だ。

聖学院では3種類の思考力入試を実施しており、2019年にはそこに100人の受験者があり、約30人が入学した。1学年は約150人で、四教科・二教科型の受験者が多数派ではあるが、思考力入試での入学者も各クラスに5人くらいずついる計算だ。現在の中1と中2でこのタイプの入試で入学してきた生徒の多くは、成績上位になっているのだという。

約半数の私立中学が合科型の入試を実施

以上はごく一例。いま、中学入試が多様化している。

キーワードは、「思考力型入試」「アクティブ・ラーニング型入試」「プレゼン型入試」「英語入試」「得意教科選択入試」である。以下、首都圏模試センターの北一成《きたかずなり》さんの話をもとに記述する。

「思考力型入試」は、さきほどの聖学院の『M型思考力入試』のような入試である。小学校の各教科の基礎的な知識や技能はもちろん必要であるが、個別の教科の専門的な単語を丸覚えしたりする必要はない。与えられた資料のなかから必要な情報を取り出し、それをもとに考え、表現すればいい。

公立中高一貫校の適性検査およびそれに似せてつくられている私立中高一貫校の適性検査型入試も、思考力型入試の一種類だととらえてよい。そう考えた場合、このタイプの入試を実施する私立中高一貫校はこの5年間で38校から１４７校に増えている。首都圏には約３００の私立中高一貫校があるといわれているので、ほぼ半数に当たる。

ただし、１４７校が、国語・算数・理科・社会での入試をやめたという話ではない。従来通りの四教科入試や二教科入試と並行して、思考力型入試も実施しているケースがほとんどだ。

光塩《こうえん》女子学院は、10年以上前から「国語・算数・総合」という3教科の形で思考力型入試を実施していた。２０１６年からは『総合型入試』を独立させて実施するようになった。思考力型のテストをメインとしながら、国語・算数の基礎レベルのテストを行い、基礎学力も確認している。現在は中学からの入学者の半数近くが総合型入試で入ってくる。彼らには間違えを恐れない点が共通しており、四教科入試で入学してきた生徒たちと、相互にいい影響を与えているという。

共立《きょうりつ》女子は、『合科型入試』を実施している。「合科型論述テスト」と「算数」と「面接」で成績を付ける。「合科型論述テスト」の問題形式は都立中高一貫校の適性検査Ⅱの問題に似ている。問題の最後には自分の意見を問われる200字程度の論述問題が課される。「算数」の解答欄では途中式も採点対象とされ、自分で作問するユニークな問題も出る。「面接」は15分程度のグループワーク。そのなかでの行動力、コミュニケーション力、表現力などを見ている。

「思考力型入試」のことを「適性検査型入試」と呼ぶこともある。それだけ公立中高一貫校の適性検査に似た出題形式が多いということだ。参考として、都立中高一貫校の適性検査Ⅰ・Ⅱ（いずれも2019年東京都共同作成問題）を掲載しておく。

2021年の入試からは、国立のお茶の水女子大附属中学校も、「検査Ⅰ・Ⅱ・Ⅲ」からなる合科型の入試に完全移行する。東京大学教育学部附属中学校と東京学芸大学附属国際中学校（B方式）はすでに適性検査型入試になっている。首都圏模試センターの北さんは、「今後、国立大学附属の中学がどんどん適性検査型に変えていく流れができるかもしれない」と言う。

ちなみに、適性検査型の入試を行う私立中学校には、入試の成績によって学費が一定期間免除される特待生制度や奨学金制度がある場合も多いので、学費の面で私立中高一貫校への進学を躊躇《ちゅうちょ》している家庭でも挑戦してみる価値がある。

[資料12] 都立中高一貫校適性検査Ⅰ（共通問題）①

適性検査Ⅰ

注意

1 問題は **1** のみで、**8ページ**にわたって印刷してあります。
2 検査時間は**四十五分**で、終わりは**午前九時四十五分**です。
3 声を出して読んではいけません。
4 答えは全て解答用紙に明確に記入し、**解答用紙だけを提出しなさい。**
5 答えを直すときは、きれいに消してから、新しい答えを書きなさい。
6 **受検番号**を解答用紙の決められたらんに記入しなさい。

1　次の **文章1** は、絵本作家のかこさとしさんと、聞き手である林《はやし》公代《きみよ》さんとの対話です。（――は林さんの発言を表します。）これと、あとに続く **文章2** を読んで、あとの問題に答えなさい。（＊印の付いている言葉には、本文のあとに〈注〉があります。）

文章1

――先生の本を＊拝読《はいどく》したところ、科学絵本を出すにあたって既《すで》に出版されている科学の本をお調べになり、他の本に欠けていて、かこ先生が実現したい点を三つ見出《みいだ》されたと書かれていました。「大事な原則を先に書き、例外を後にすること」、「過去から未来への科学の営みを＊動的にとらえること」、「個々《ここ》の科学だけでなく、科学の全体像を提《てい》供《きょう》すること」です。改めて、先生が科学絵本を書かれるとき何を大事になさっているか、お聞かせいただけますか。

かこ　今の三つのことをベースにして、さらに言うと、読んでくださる方は大人ではなくて子どもさんですから、少なくとも二〇年は私《わたくし》よりも長生きするはずです。だから、その子どもさんが成人したときに、「なんだ、昔読んだ本と内容がちょっと違《ちが》うじゃないか」なんてことになったら、大変問題になります。ですから、二〇年後にも通用するという見通しを持って書かなければいかんと。

――二〇年後ですか。

かこ　はい。ところが学者さんというのは非常に慎重《しんちょう》で、仮説としてはいろいろとおっしゃるのですけれど、＊論文《ろんぶん》には確実でないことはなかなかお書きにならないですよ。だから論文などから読み取って、「二〇年後にはこうなるはずだ」ということを見越《みこ》して書かないといけない。ですから僕《ぼく》は、絵本を作るときの学説とは少々違うものも大《だい》胆《たん》に取り上げてね。

――科学絵本のために、論文まで読《よ》み込《こ》まれていたのですか。

かこ　そうです。一番苦心したのは、『地球』（一九七五年）という科学絵本で取り上げた＊プレートテクトニクス論《ろん》です。絵本を書いていた当時はまだ仮説でしたが、これ以外にいい理論《りろん》がなかったのです。いろいろな地球内部のことを説明するにはプレートテクトニクス論が一番＊妥当《だとう》であろうと。日本の＊学会ではプレートテクトニクス論が一九八〇年代まで、なかなか受け入れられなかったそうです。日本で唯一《ゆいいつ》、この理論を積極的に取り上げたのが、東京大学の竹内《たけうち》均《ひとし》さんです。

――日本で一九八〇年代にようやく受け入れられた理論を、先生は一九七五年に絵本として出版されていたとは驚《おどろ》きです。竹内さんといえば、東大名誉《めいよ》教授《きょうじゅ》で、のちに科学雑誌《ざっし》の編集長になられた方ですね。

かこ　はい。竹内均さんに最新の理論を聞いて、僕は納得《なっとく》して絵本にしたのです。竹内さんが、出来上がった『地球』をご覧《らん》になって、「絵本でも（プレートテクトニクス理論を）描《えが》く時代になったのか」とものすごく喜んでくださいました。当時、竹内さんは教育番組を多数持っておられて、その質問役を＊仰《おお》せつかって。

－1－

［資料12］都立中高一貫校適性検査Ⅰ（共通問題）③

――なるほど。先生は科学絵本をお書きになるたびに、毎回たくさんの論文を読み込まれて、二〇年後も通用する理論だと見極《みきわ》めてから書かれるのですか。

かこ　子どもさんは「これが正しい」と思って読んでくださるのに、違っていたのではなはだ申しわけないし、それ以上に出版の意義がなくなる。科学の本であれば、ことに慎重であるべきです。ただ現状を述べただけなら、どなたでも現在の資料を集めればできるでしょうけれども、多少技術のことをかじった端《はし》くれとしては、それだけの見通しを持って皆《みな》さんに提供しないと申しわけない、というのが僕の書くときの心がけです。

――でも論文から、その理論が二〇年後通用するかどうか評価するのは難《むずか》しいことではないですか。

かこ　科学者としては当たり前のことです。そういう「実証的」なことをちゃんとやっておかないと、必ずどこかで問題が起こります。

――どんな話でも必ず事実を調べるのは、実証的・科学的な態度ですね。

かこ　それから、たとえば生き物を描くときに、ウサギがオオカミをかみ殺すことは逆であり、あり得ない。やっぱりオオカミがウサギを追いかけ回すのでなければならないだろう。私はたとえ童話であっても、「自然法則」に逆らわない範囲《はんい》で、子どもさんに楽しんでいただくものを書きたい。それを逆にするようなことは、とても私には書けません。

――童話でも、自然法則がその下敷《したじ》きにあるべきだと。

――実は先生にお話をうかがうにあたり、『宇宙《うちゅう》』を読み直しましたが、宇宙に関する原理原則や、壮大《そうだい》な宇宙の時間と空間をどうやってとらえればいいかが順序だてて描かれていて、これに匹敵《ひってき》する宇宙の本は今もないと改めて確信します。一九七八年のご出版ですから、約四〇年も読《よ》み継《つ》がれている本ですね。科学絵本がどのように生み出されるか、『宇宙』を例に具体的にお聞きしていいでしょうか。

かこ　はい、どうぞ。この本を作った一九七〇年代は人間の宇宙への進出がどんどん進んだ時代で、私は学者さんのご努力に応《こた》える意味で、しっかりとまとめなければいかんと思ってやりました。

――そもそも、なぜ宇宙の本を書こうと思われたのでしょう。この本の前に『海』（一九六九年）や『地球』という科学絵本が出ていますが、その延長《えんちょう》線上で「次は宇宙だ」と思われたのですか。

かこ　まあ単純《たんじゅん》に言えばそういうことです。しかし、ただ宇宙は大きくて、星があって、というだけの物語では本当の理解ということにはならない。どうして宇宙船《うちゅうせん》は落ちてこないのかなど、まず原理原則を子どもさんにわかるようにしてもらおうと考えました。

――まさしく、そこがこの本の特徴《とくちょう》ですね。

かこ　はい。（宇宙のように）遠くの場所へ行く乗り物は、速い速度を出さないといけない。それをわかってもらうために、まずは身近な昆《こん》虫《ちゅう》なり、動物の速さから始めて、次に人間が作るものでは、鉄砲玉《てっぽうだま》や大砲《たいほう》も速いだろうと。それらをうんと速くすると、遠くへ遠くへ行って、ついに着地しないで地球をぐるっと回ってくるんじゃないかと。

- 2 -

［資料12］都立中高一貫校適性検査Ⅰ（共通問題）④

——それが地球を回る人工衛星と同じなんだよと。

かこ　そういう説明の仕方をすれば子どもたちも理解してくださるだろうと考えて、速さについて順を追ってゆっくりと記述しながら、だんだんと遠い宇宙へ一緒《いっしょ》に旅をするということを心がけました。

　だから、一番身近なところで始めるために、たくさんのノミがぴょんぴょん跳《は》ねるところから始めたのです。

——小さなノミが自分の大きさの何倍もジャンプするという事実から、想像力がふくらみます。

かこ　子どもさんに興味を持ってもらえればと思ってね。キャラクターを絵本に登場させたり、ギャグを＊羅列《られつ》したりという方法もあるのでしょうけれど、㋐僕はそういうやり方はあまり好きではありません。子どもさんといえど、真っ当な面白《おもしろ》さにぶつかると「もうやめなさい」とこちらが言いたくなるぐらいに熱中して、突《つ》き進《すす》んじゃう。それは子どもたちと接して見せつけられたものですから。

　本来、人間の持つ「生きよう」という意気込《いきご》み、興味、好奇心《こうきしん》を＊喚起《かんき》すれば、あとは子どもたちが自分の力でぐいぐい開拓《かいたく》していく。それが真っ当な科学教育なり、科学絵本の行く道だろうと思うんです。アニメにしたり漫画化《まんがか》すればいいだろうという、＊ちゃちな教育姿勢《しせい》では、子どもさんの本当の意味での発達というか、伸《の》びていくための＊「エンジン」にはならない、というのが僕の説ですね。

——具体的には、子どもたちはノミのことは知っていても、そのノミが身体の一〇〇倍以上も高く、遠くへ飛ぶことは知らない。その事実を見せることで子どもたちの関心や興味をひき、そこから高さや距離《きょり》へ広げていくというお考えだったのでしょうか。

かこ　それが子どもさんの＊琴線《きんせん》に触《ふ》れるのではないかと思いました。なんとかしてそういう琴線に触れるような、真っ当なもので押《お》しながら、絵本にいろいろなものをちりばめていくというのが、当時の僕の考え方でしたね。

（かこさとし［談］・林公代［聞き手］「科学の本のつくりかた」による）

〈注〉

拝読《はいどく》した ―― 読ませていただいた。
動的に ―― 変化するものとして。
論文《ろんぶん》 ―― 意見や研究の結果を、筋道《すじみち》を立ててのべた文章。
プレートテクトニクス論《ろん》 ―― 地球のつくりに関する理論《りろん》。
妥当《だとう》 ―― 実情によく当てはまっていること。
学会 ―― 学問研究のための学者の団体やその会合。
仰《おお》せつかって ―― 命じられて。
ことに ―― 中でも。特に。
技術のことをかじった端《はし》くれ ―― 技術のことを少しでも学んだ者。
原理原則 ―― 基本的な決まり。
匹敵《ひってき》する ―― 同じ程度の。
羅列《られつ》したり ―― ならべたり。
真っ当な ―― まともな。
喚起《かんき》すれば ―― よび起こせば。
ちゃちな ―― いいかげんで内容がない。
エンジン ―― 原動力。
琴線《きんせん》に触《ふ》れる ―― 心の奥底《おくそこ》を刺激《しげき》し感動させる。

文章2

とかく科学の本というと、肩《かた》がこる、知識が覚えられる、学校の成績に少しでも役立つ――というような意識が先にたちがちですが、私《わたくし》の場合、（1）おもしろくて、（2）総合的で、（3）発展的《はってんてき》な内容を、これからの科学の本の軸《じく》にしたいと心がけています。

おもしろいというのは、一冊《さつ》の本をよみ通し、よく理解してゆく原動力になるだけでなく、もっとよく調べたり、もっと違《ちが》うものをよんだりするというように、積極的な行動にかりたてるもっとも大事なエネルギーとなるものです。よい本だけれど一頁《ページ》よんだらねむくなったとかいうのでは*残念なきわみなので、私は内容がよければよいほど、おもしろさというものが必要だと考えています。しかし、おもしろさと一口にいっても、子どもだからとて、いや子どもだからこそ、いつも下品でゲラゲラ*くすぐりだけをよろこぶわけではありません。必ずしだいに内容の深い次元の高いものに興味を発展《はってん》させ*昇華《しょうか》してゆくものと、私は考えています。

二番目の総合性に関連していえば、個々の分野ではすばらしく深い*精緻《せいち》な本が多いのですが、それらは分化し細分化されたまま、その本質や全体像が明示されていない*うらみがありました。日本の科学技術の*泣き所の一つに、やはり総合力のなさや*学界の*断層《だんそう》の問題が多くの方から指摘《してき》されています。したがって、こまかな個々の分野は他の方におまかせして、私はあまり他の方がおやりにならない総合性をめざしてみたいと考えているものです。

第三の発展性《はってんせい》については、今日の科学技術の*様相を、ただ現状だけとか、いまいえる限りといったように*静的に提示するだけでは十分でありません。なぜそのようになってきたかという姿勢《しせい》の延長《えんちょう》としての未来、どう臨《のぞ》むのが好ましいのかという態度、そうした科学観や社会への視点《してん》、未来への*洞察《どうさつ》といった点が、これからの科学の本、しかも、㋐これからの将来《しょうらい》に生きる子どもたちのための本としては不可欠であると私は考えています。そのことは、好むと好まざるとにかかわらず、作者に態度を明確にすることを迫《せま》るでしょう。

（かこさとし『地球』解説 による）

〔注〕
残念なきわみ――非常に残念。
くすぐり――笑わせようとすること。
昇華《しょうか》してゆく――高めてゆく。
精緻《せいち》な――くわしくて細かい。
うらみ――残念な点。
泣き所――弱点。
学界――学問の世界。
断層《だんそう》――意見などの食いちがい。
様相――ありさま。
静的に――変化のない、あるいは少ないものとして。
洞察《どうさつ》――見通し。

［資料12］都立中高一貫校適性検査Ⅰ（共通問題）⑦

〔問題1〕 ㋐真っ当な面白《おもしろ》さにぶつかる とありますが、「真っ当な面白さにぶつかる」と、子どもはどうなるとかこさんは考えているでしょうか。**文章2** の中から探《さが》し、解答らんに合うように二十四字以上三十五字以内で答えなさい。（、や。も字数に数えます。）

〔問題2〕 ㋑これからの将来《しょうらい》に生きる子どもたちのための本 とありますが、そのためにかこさんはどのような態度で本を書いているのでしょうか。**文章1** のかこさんの発言の中から探《さが》し、解答らんに合うように二十四字以上三十五字以内で答えなさい。（、や。も字数に数えます。）

〔問題3〕 下に示すのは、**文章1** と **文章2** を読んだ後の、**ひかる**さんとある**友だち**とのやりとりです。このやりとりのあと、**ひかる**さんが示したと思われる考えを、四百字以上四百四十字以内で書きなさい。ただし、下の条件と次ページの〈**きまり**〉にしたがうこと。

ひかる――**文章1** と **文章2** を読んで、科学の本を読んでみたくなりました。

友だち――たしかに、かこさんが、むずかしそうな専門知識《せんもんちしき》まで調べた上で本を作っていることはよくわかりました。でも、それだと、私《わたし》たち子ども向けの本としてはつまらない本になってしまうと思います。

ひかる――それは誤解《ごかい》のような気がします。それに、私はかこさんの考えを知って、本を読むときに心がけたいこともできました。

友だち――そうですか。**ひかる**さんの考えをくわしく教えてください。

条件　次の三段落構成《さんだんらくこうせい》にまとめて書くこと

① 第一段落では、**友だち**の発言の中で誤解《ごかい》をしていると思う点を指摘《してき》する。
② 第二段落では、①で示した点について、**文章1** と **文章2** にもとづいて説明する。
③ 第三段落には、①と②とをふまえ、**ひかる**さんがこれから本を読むときに心がけようと思っている点を書く。

［資料12］都立中高一貫校適性検査Ⅰ（共通問題）⑧

〈きまり〉

〇題名は書きません。

〇最初の行から書き始めます。

〇各段落《だんらく》の最初の字は一字下げて書きます。

〇行をかえるのは、段落《だんらく》をかえるときだけとします。

〇、や。や」などもそれぞれ字数に数えます。これらの記号が行の先頭に来るときには、前の行の最後の字と同じますめに書きます。（ますめの下に書いてもかまいません。）

〇。と」が続く場合には、同じますめに書いてもかまいません。この場合、。」で一字と数えます。

〇段落をかえたときの残りのますめは、字数として数えます。

〇最後の段落の残りのますめは、字数として数えません。

－ 8 －

［資料13］都立中高一貫校適性検査Ⅱ（共通問題）①

適性検査Ⅱ

注　意

1　問題は 1 から 3 までで、18ページにわたって印刷してあります。

2　検査時間は45分で、終わりは午前11時00分です。

3　声を出して読んではいけません。

4　計算が必要なときは、この問題用紙の余白を利用しなさい。

5　答えは全て解答用紙に明確に記入し、**解答用紙だけを提出しなさい。**

6　答えを直すときは、きれいに消してから、新しい答えを書きなさい。

7　**受検番号**を解答用紙の決められたらんに記入しなさい。

[資料13] 都立中高一貫校適性検査Ⅱ（共通問題）②

> 問題を解くときに、問題用紙や解答用紙、ティッシュペーパーなどを実際に折ったり切ったりしてはいけません。

1　**先生**、**太郎《たろう》**さん、**花子**さんが、学校生活最後のお楽しみ会の準備をしています。

先　生：お楽しみ会では、クラスのみなさんでできる遊びを行いましょう。遊び方をしおりにまとめて、クラスのみなさんに配ろうと思います。１枚《まい》の紙の片面《かためん》から左とじのしおり（**図１**）を作りましょう。

太　郎：１枚の紙の片面からしおりを作ることができるのですか。

花　子：しおりの作り方（**図２**）によると、１枚の紙を----で折り、▬▬▬を切って、折りたたむと、しおりを作ることができるみたいよ。

図１　左とじのしおり

図２　しおりの作り方

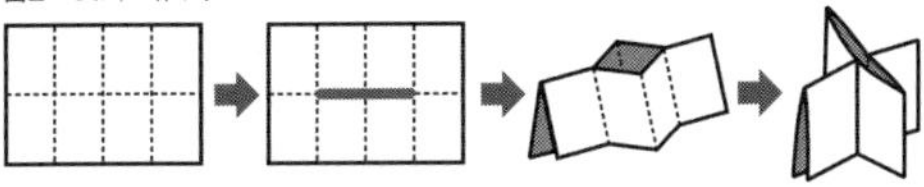

先　生：お楽しみ会では二つの遊びを行います。しおりができたら、表紙を１ページとして、最初の遊びの説明を２ページから４ページに、次の遊びの説明を５ページから７ページにのせましょう。８ページは裏表紙《うらびょうし》になります。

太　郎：折りたたみ方によって、しおりの表紙がくる位置や５ページがくる位置が変わってくるね。

花　子：それに、文字の上下の向きも変わってくるね。しおりにしたときにすべてのページの文字の向きがそろうように書かないといけないね。

先　生：そうですね。では、１枚の紙を折りたたみ、しおりにする前の状態（**図３**）で、しおりの表紙や５ページがどの位置にくるのか、またそれぞれ上下どの向きで文字を書けばよいのかを下書き用の用紙に書いて確かめておきましょう。

［資料13］都立中高一貫校適性検査Ⅱ（共通問題）③

〔問題１〕　１枚の紙を折りたたみ、左とじのしおり（**図1**）を作るとき、しおりの表紙と５ページは、しおりにする前の状態（**図3**）ではどの位置にくるのでしょうか。また、それぞれ上下どちらの向きで文字を書けばよいですか。

解答用紙の図の中に、表紙の位置には「表」という文字を、５ページの位置には「五」という文字を**図4**のように文字の上下の向きも考え、書き入れなさい。

図3　しおりにする前の状態

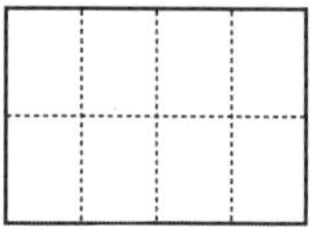

図4　文字の書き方

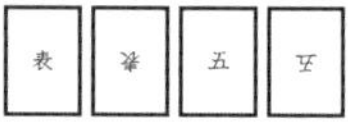

- 2 -

先　生：しおりの２ページから４ページには、「白と黒の２色でぬられた模様《もよう》を漢字や数字で相手に伝える遊び方」の説明をのせます。

花　子：どのような遊びですか。

先　生：例えば、伝える人は模様（**図5**）を漢字で表現（**図6**）します。答える人は、伝えられた表現から模様を当てるという遊びです。横の並《なら》びを「行」といい、縦《たて》の並びを「列」といいます。

図5　白と黒の２色でぬられた模様《もよう》

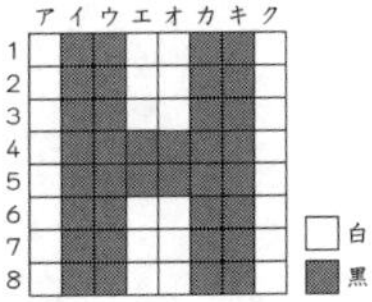

図6　漢字で表現した模様

	ア	イ	ウ	エ	オ	カ	キ	ク
1	白	黒	黒	白	白	黒	黒	白
2	白	黒	黒	白	白	黒	黒	白
3	白	黒	黒	白	白	黒	黒	白
4	白	黒	黒	黒	黒	黒	黒	白
5	白	黒	黒	黒	黒	黒	黒	白
6	白	黒	黒	白	白	黒	黒	白
7	白	黒	黒	白	白	黒	黒	白
8	白	黒	黒	白	白	黒	黒	白

太　郎：全部で６４個の漢字を使って模様を表現していますね。６４個も答える人に伝えるのは大変ではないでしょうか。

先　生：そうですね。ではここで、数字も取り入れて、１行ずつ考えていくと（約束１）、より少ない漢字と数字の個数で模様を表現することができますよ。

> 約束１
> ①上から１行ごとに、左から順にますの漢字を見る。
> ②漢字が白から始まるときは「白」、黒から始まるときは「黒」と最初だけ漢字を書く。
> ③白または黒の漢字が続く個数を数字で書く。

花　子：**図6**の模様については、１行めは白から始まるから、最初の漢字は「白」になりますね。左から白が１個、黒が２個、白が２個、黒が２個、白が１個だから、

白１２２２１

という表現になります。漢字と数字を合わせて６個の文字で表現できますね。２行めと３行めも１行めと同じ表現になりますね。

先　生：そうですね。４行めと５行めは、白から始まり、白が１個、黒が６個、白が１個ですから、

白１６１

という表現になります。

[資料13] 都立中高一貫校適性検査Ⅱ（共通問題）⑤

太　郎：6行めから8行めも1行めと同じ表現になりますね。そうすると、漢字と数字を合わせて44個の文字で**図6**の模様を表現できました(**図7**)。約束1 を使うと**図6**よりも20個も文字を少なくできましたね。漢字と数字の合計の個数をもっと少なくすることはできないのかな。

先　生：別の約束を使うこともできますよ。今度は、1列ずつ考えていきます（約束2）。

図7　約束1 を使った表現

```
白12221
白12221
白12221
白161
白161
白12221
白12221
白12221
```

> 約束2
> ①ア列から1列ごとに、上から順にますの漢字を見る。
> ②文字が白から始まるときは「白」、黒から始まるときは「黒」と最初だけ漢字を書く。
> ③白または黒の漢字が続く個数を数字で書く。

花　子：**図6**の模様については、**図8**のように表現できるから、漢字と数字を合わせて20個の文字で模様を表現できました。約束1 に比べて 約束2 を使ったほうが、24個も文字を少なくできましたね。

伝える人は、約束2 を使って答える人に模様を伝えるのがよいと思います。

先　生：どのような模様であっても 約束2 で表現するのがよいのでしょうか。 別の模様でも考えてみましょう。

図8　約束2 を使った表現

白	黒	黒	白	白	黒	黒	白
8	8	8	3	3	8	8	8
			2	2			
			3	3			

〔問題2〕　**図9**はある模様を 約束1 で表現したものです。この模様を 約束2 で表現したとき、漢字と数字の合計の個数がいくつになるのかを答えなさい。

また、約束1 と 約束2 のどちらを使ったほうが表現する漢字と数字の合計の個数が少なくできるのか答えなさい。さらに、少なくできる理由を説明しなさい。考えるときに**図10**を使ってもよい。

図9　約束1 を使った表現

```
白8
黒71
黒17
白116
白215
白116
黒17
黒8
```

図10

	ア	イ	ウ	エ	オ	カ	キ	ク
1								
2								
3								
4								
5								
6								
7								
8								

先　生：しおりの5ページから7ページには、**図11**のような「磁石《じしゃく》がついているおもちゃ（てんとう虫型）を鉄製の箱の表面で動かす遊び方」の説明をのせます。
図12のように鉄製の箱の表面にはますがかかれていて、使う面は前面と上面と右面だけです。

図11

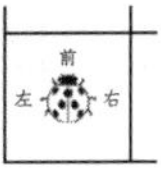

図12

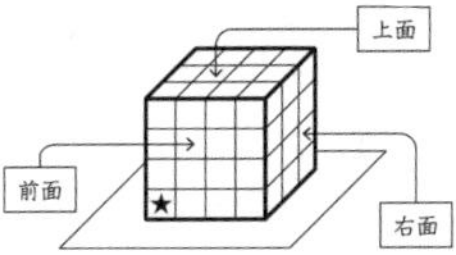

太　郎：どのような遊びですか。

先　生：**表1**にあるカードを使って、「★」の位置から目的の位置まで、指定されたカードの枚数でちょうど着くようにおもちゃを動かす遊びです。最初に、おもちゃを置く向きを決めます。次に、おもちゃを動かすカードの並べ方を考えます。同じカードを何枚使ってもかまいませんし、使わないカードがあってもかまいません。では、まずはカードの枚数を気にしないでやってみましょう。例えば、目的の位置を「う」の位置とします（**図13**）。**表1**をよく読んで、おもちゃの動かし方を考えてみてください。

表1

カード番号	カード	おもちゃの動かし方
①		同じ面で 1ます前に動かす
②		同じ面で 2ます前に動かす
③		そのままで右に 90度回転させる
④		そのままで左に 90度回転させる
⑤		面を変えながら 1ます前に動かす

図13

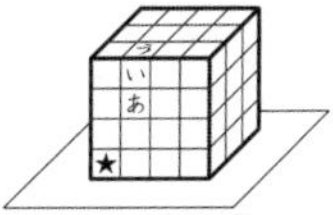

太　郎：私《わたし》は、最初におもちゃを**図14**のように置いて、このように考えました。

図14

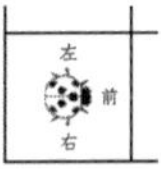

（カード番号　①　④　②　①　⑤　）

先　生：そうですね。「あ」の位置でまずのカードを使って「い」の位置に動かし、それからのカードを使って面を変えながら１ます前に動かすことで「う」の位置にたどりつきます。

花　子：私は、最初におもちゃを**図１５**のように置いて、このように考えました。

図１５

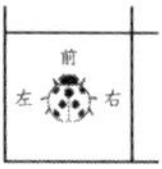

（カード番号　②　①　③　①　④　⑤　）

先　生：そうですね。花子さんの並べ方では、「い」の位置でまずのカードを使っておもちゃの向きを変え、それからのカードを使って面を変えながら１ます前に動かすことで「う」の位置にたどりつきます。

花　子：お楽しみ会ではカードの枚数を指定して遊びましょう。

太　郎：お楽しみ会の日が待ち遠しいですね。

〔問題３〕 **図１６**のように「★」の位置から「え」の位置を必ず通るようにして、「お」の位置までおもちゃを動かします。**表１**のカードを１０枚使って、おもちゃを動かすとき、使うカードの種類とカードの並《なら》べ方を考えなさい。

最初に、「★」の位置に置くおもちゃの向きを**図１７**から選び、解答用紙の（　）内に○をつけなさい。

次に、おもちゃを動かすカードの並べ方を、**表１**にある①から⑤のカード番号を使って左から順に書きなさい。

図１６

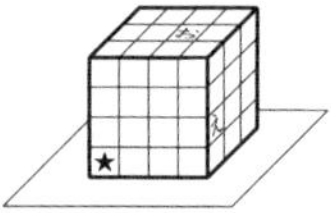

図１７

（　　）　（　　）

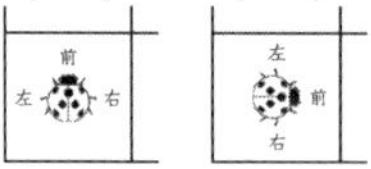

2 校外学習で昼食時におとずれた都立公園で**花子**さんと**太郎**《たろう》さんが、外国人旅行者について話をしています。

花　子：都立公園には外国人が大勢見学におとずれているね。
太　郎：先生も、最近は日本をおとずれる外国人の数が増えていると言っていたよ。
花　子：日本をおとずれる外国人の数はいつごろから多くなってきたのかな。
太　郎：私《わたし》たちが生まれたころと比べて、どのくらい増えているのだろうか。
花　子：日本をおとずれる外国人の数の変化を調べてみようよ。
太　郎：国外に行く日本人もたくさんいるだろうから、日本をおとずれる外国人の数と比べてみるのもおもしろそうだよ。校外学習から帰ったら、調べてみよう。

花子さんと太郎さんは、校外学習の後、図書館に行き、次の資料（**図1**）を見つけました。

図1　日本人の出国者数と、日本への外国人の入国者数の移り変わり

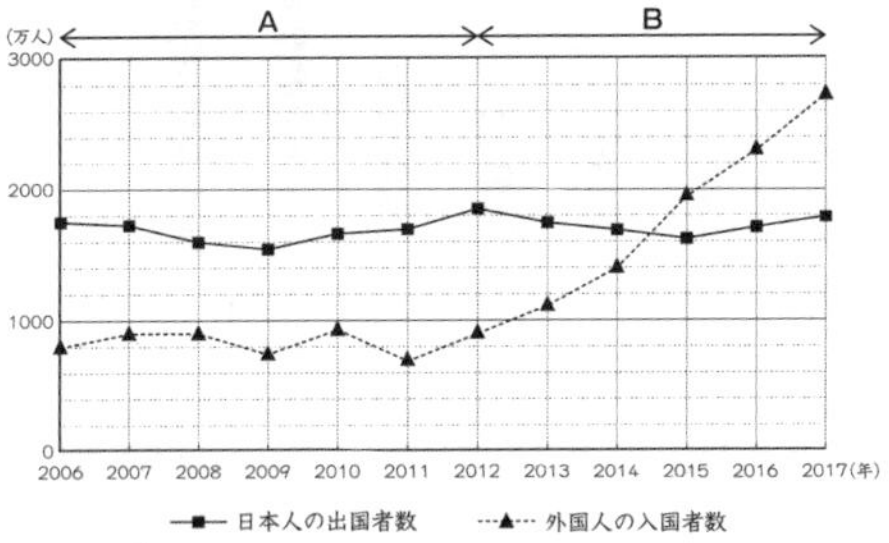

（法務省の資料より作成）

花　子：2006（平成18）年から2012（平成24）年までの間（**図1**の**A**の期間）では、［（あ）］。2012（平成24）年は日本人の出国者数は、外国人の入国者数の約［（い）］倍であることが分かるね。
太　郎：2012（平成24）年から2017（平成29）年までの間（**図1**の**B**の期間）では、［（う）］。外国人の入国者数は、2017（平成29）年には2012（平成24）年と比べて約［（え）］倍になっていることが分かるね。

－7－

〔問題1〕 花子さんと太郎さんは、**図1**をもとに日本人の出国者数と、日本への外国人の入国者数を比べて、それぞれの変化のようすについて話し合っています。二人の会話中の［（あ）］から［（え）］の空らんのうち［（あ）］と［（う）］には当てはまる文を、［（い）］と［（え）］には当てはまる整数を答えなさい。

花　子：観光を目的として日本をおとずれる外国人旅行者について、調べてみようよ。

太　郎：日本をおとずれる外国人旅行者について、こんな資料（**図2**）があったよ。この資料の「延《の》べ宿はく者数」は、例えば一人が2はくした場合を2として数えているよ。

図2　外国人旅行者の延《の》べ宿はく者数の移り変わり

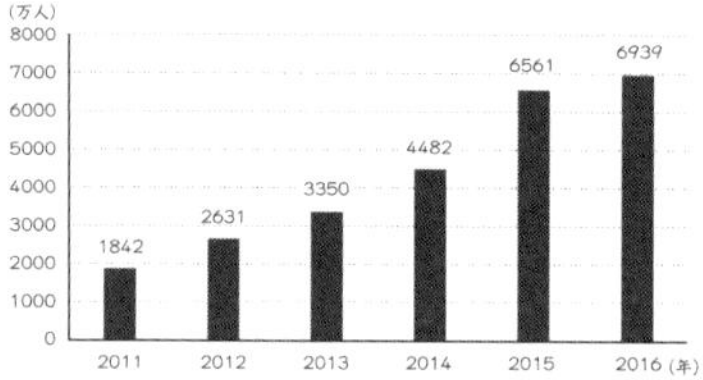

（観光庁《かんこうちょう》「宿泊《しゅくはく》旅行統計調査」より作成）

太　郎：外国人旅行者の延べ宿はく者数が2011（平成23）年には約1842万人だったのに対し、2016（平成28）年には約6939万人になっていて、約4倍に増えていることが分かるね。

花　子：日本のどのような地域《ちいき》で外国人旅行者の延べ宿はく者数が増えているのかな。

太　郎：こんな資料（**図3**）があったよ。これは、長野県松本市《ながのけんまつもとし》、岐阜県高山市《ぎふけんたかやまし》、和歌山県《わかやまけん》西牟婁郡白浜町《にしむろぐんしらはまちょう》という三つの地域における外国人旅行者の延べ宿はく者数の移り変わりを示しているよ。

[資料13] 都立中高一貫校適性検査Ⅱ（共通問題）⑩

図3　三つの地域《ちいき》の外国人旅行者の延べ宿はく者数の移り変わり

長野県松本市《ながのけんまつもとし》

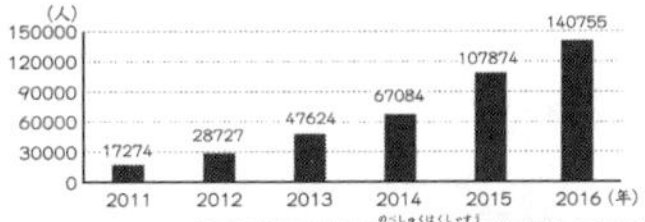

（長野県「長野県外国人延宿泊者数《のべしゅくはくしゃすう》調査結果」より作成）

岐阜県高山市《ぎふけんたかやまし》

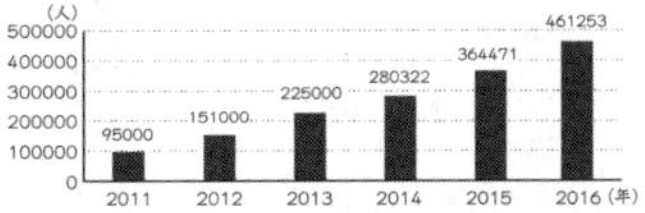

（高山市「高山市外国人観光客宿泊統計」より作成）

和歌山県西牟婁郡白浜町《わかやまけんにしむろぐんしらはまちょう》

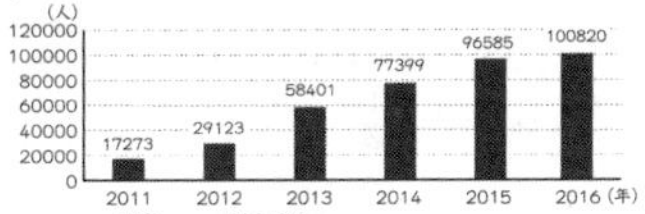

（一般《いっぱん》社団法人南紀白浜《なんきしらはま》観光局「平成３０年度事業計画」より作成）

花　子：この三つの地域は、外国人旅行者の延べ宿はく者数がここ数年で大はばに増えた地域だね。地図上の位置や、どのような地域かなどをもう少し調べてみようよ。（**図4**、**表1**、**表2**）

図4

－ 9 －

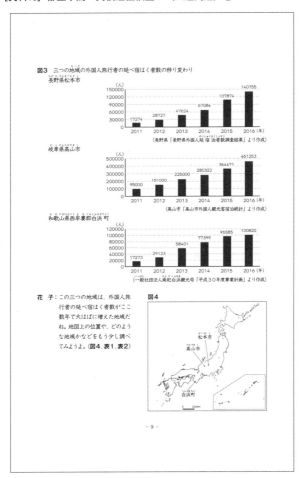

［資料13］都立中高一貫校適性検査Ⅱ（共通問題）⑪

表1　花子さんが調べた三つの地域の主な観光資源《かんこうしげん》

松本市《まつもとし》	松本城《まつもとじょう》、スキー場、 古い街なみ、温泉《おんせん》、 そば打ち体験
高山市《たかやまし》	合しょう造りの民家、 豊かな自然、鍾乳洞《しょうにゅうどう》、 古い街なみ、温泉
白浜町《しらはまちょう》	砂浜《すなはま》、温泉、 美しい景観、パンダ

（各市町ホームページなどより作成）

表2　太郎《たろう》さんが調べた三つの地域が行っている外国人旅行者のための取り組み

松本市	・中部国際空港との連けい（鉄道やバスへのスムーズな乗りつぎなど） ・観光情報サイトのじゅう実 ・多言語表記などのかん境整備 ・観光産業をになう人材の確保と育成
高山市	・海外への職員派《は》けん ・多言語パンフレットの作成 ・伝統文化とふれ合う場の提供《ていきょう》 ・通訳《つうやく》案内士の養成
白浜町	・観光案内看板《かんばん》の多言語化 ・観光情報サイトのじゅう実 ・外国人向けの観光案内の動画作成 ・多言語によるアンケート調査

（各市町ホームページなどより作成）

太　郎：三つの地域にはいろいろな観光資源《かんこうしげん》があることが分かるね。

花　子：この三つの地域は、観光資源があることの他に、外国人旅行者におとずれてもらうために、さまざまな取り組みをしているね。

太　郎：外国人旅行者が旅行中に困《こま》ったことを調査した結果（**表3**）を見つけたけれど、このような資料を活用しながら、それぞれの取り組みを進めているのかな。

表3　日本をおとずれた外国人旅行者が旅行中に困《こま》ったこと

○情報通信かん境が十分でない。
○クレジットカード支はらいが利用できない場所がある。
○多言語対応が不十分である。
・し設等のスタッフとコミュニケーションがとれない。（英語が通じないなど）
・表示が少ない。分かりにくい。（観光案内板など）
・多言語の地図やパンフレットの入手場所が少ない。
・公共交通の利用方法が分からない。（乗りかえ方法など）
・外国の通貨を円に両がえできる場所が分からない。

（観光庁「訪日《ほうにち》外国人旅行者の国内における受入環境《うけいれかんきょう》整備に関するアンケート結果」平成29年より作成）

〔問題2〕　松本市、高山市、白浜町の三つの地域から一つを選び、その地域で外国人旅行者の延べ宿はく者数がここ数年で大はばに増えているのは、観光資源があることの他にどのような理由が考えられるか、**表2**と**表3**をふまえてあなたの考えを書きなさい。

[資料13] 都立中高一貫校適性検査Ⅱ（共通問題）⑫

花　子：外国人旅行者のためのパンフレットやガイドブックには、具体的にどのような工夫《くふう》がされているのかな。

太　郎：東京駅では日本語と日本語以外の言語で書かれている駅構内・周辺案内図があって、もらってきたので日本語の案内図と比べてみようよ。

花　子：案内図（**図5**、**図6**）には、いろいろなマークがたくさんかいてあるね。

太　郎：このマークは案内用図記号というそうだよ。

花　子：この案内図の中の「インフォメーションセンター（案内所）」、「エレベーター」、「郵便《ゆうびん》ポスト」、「バスのりば」を表すマーク（**図7**）は、今までに見かけたことがあるよ。

図5　日本語の東京駅構内・周辺案内図の一部

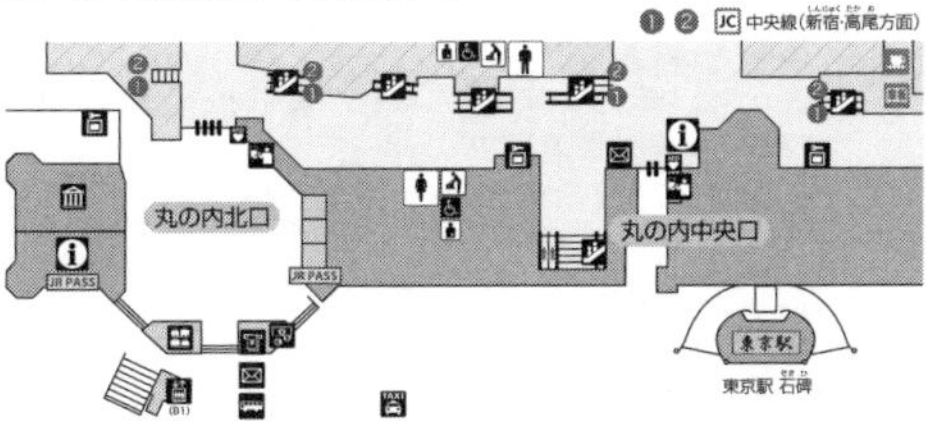

（東京ステーションシティー運営協議会「東京駅構内・周辺案内マップ」より作成）

図6　英語の東京駅構内・周辺案内図の一部

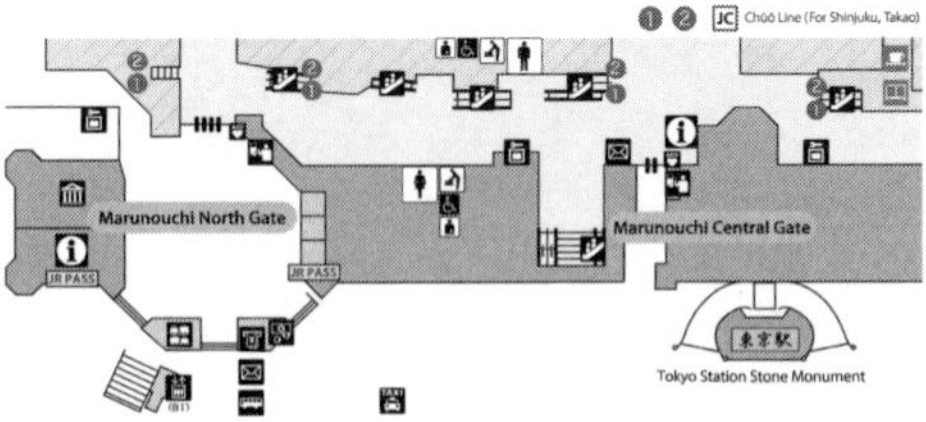

（東京ステーションシティー運営協議会「東京駅構内・周辺案内マップ」より作成）

［資料13］ 都立中高一貫校適性検査Ⅱ（共通問題）⑬

図7　花子さんが今までに見かけたことがあるマーク

太　郎：このようなマークは外国人旅行者もふくめて、子供《こども》から高れい者まで、さまざまな人に役立っているようだね。

〔問題3〕　太郎さんは「さまざまな人に役立っているようだね。」と言っていますが、案内用図記号にはどのような役割《やくわり》があるか、あなたの考えを二つ説明しなさい。答えは、解答らんの役割1、役割2に分けて書きなさい。

- 12 -

[資料13] 都立中高一貫校適性検査Ⅱ（共通問題）⑭

3 **太郎《たろう》**さん、**花子**さん、**先生**が先日の校外学習について話をしています。

太　郎：校外学習の紙すき体験で、和紙は水をよく吸《す》うと教えてもらったね。

花　子：和紙と比べて、プリント用の紙、新聞紙、工作用紙などのふだん使っている紙は、水の吸いやすさにちがいがありそうだね。和紙と比べてみよう。

二人は先生のアドバイスを受けながら、和紙、プリント用の紙、新聞紙、工作用紙について、**実験1**をしました。

実験1　水の吸《す》いやすさを調べる実験

1　実験で使う紙の面積と重さをはかる。
2　容器に水を入れ、水の入った容器全体の重さを電子てんびんではかる。
3　この容器の中の水に紙を１分間ひたす。
4　紙をピンセットで容器の上に持ち上げ、３０秒間水を落とした後に取り除《のぞ》く。
5　残った水の入った容器全体の重さを電子てんびんではかる。
6　２の重さと５の重さの差を求め、容器から減った水の重さを求める。

太　郎：**実験1**の結果を**表1**のようにまとめたよ。

花　子：容器から減った水の重さが多いほど、水を吸いやすい紙といえるのかな。

太　郎：実験で使った紙は、面積も重さもそろっていないから、水の吸いやすさを比べるにはどちらか一方を基準にしたほうがいいよね。

花　子：紙の面積と紙の重さのどちらを基準にしても、水の吸いやすさについて、比べることができるね。

表1　**実験1**の結果

	和紙	プリント用の紙	新聞紙	工作用紙
紙の面積（cm^2）	４０	８０	２００	５０
紙の重さ（g）	０.２	０.５	０.８	１.６
減った水の重さ（g）	０.８	０.７	２.１	２

〔問題１〕　和紙の水の吸いやすさについて、あなたが比べたい紙をプリント用の紙、新聞紙、工作用紙のうちから一つ選びなさい。さらに、紙の面積と紙の重さのどちらを基準にするかを書き、あなたが比べたい紙に対して、和紙は水を何倍吸うかを**表1**から求め、小数で答えなさい。ただし、答えが割《わ》りきれない場合、答えは小数第二位を四捨五入《ししゃごにゅう》して小数第一位までの数で表すこととする。

－ 14 －

花　子：紙すき体験では、あみを和紙の原料が入った液に入れて、手であみを前後左右に動かしながら原料をすくったね。

太　郎：和紙の原料は、コウゾやミツマタなどの植物のせんいだったよ。

花　子：**図1**を見ると、和紙は、せんいの向きがあまりそろっていないことが分かるね。

図1　和紙のせんいの拡大写真《かくだいしゃしん》

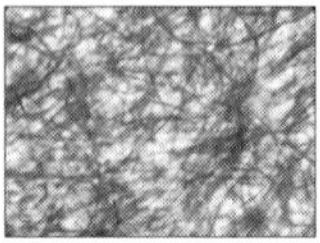

太　郎：ふだん使っている紙は、和紙とどのようにちがうのですか。

先　生：学校でふだん使っている紙の主な原料は、和紙とは別の植物のせんいです。また、機械を使って、あみを同じ向きに動かし、そこに原料をふきつけて紙を作っています。だから、和紙と比べると、より多くのせんいの向きがそろっています。

花　子：ふだん使っている紙のせんいの向きを調べてみたいです。

先生は、プリント用の紙、新聞紙、工作用紙のそれぞれについて、一つの角を選び、**A**方向・**B**方向と名前をつけて、**図2**のように示しました。

図2　方向の名前のつけ方

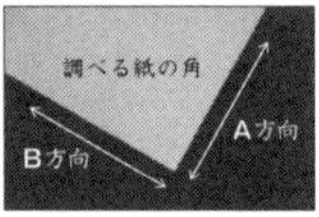

太　郎：それぞれの紙について、せんいの向きが**A**方向と**B**方向のどちらなのかを調べるには、どのような実験をしたらよいですか。

先　生：**実験2**と**実験3**があります。**実験2**は、紙の一方の面だけを水にぬらした時の紙の曲がり方を調べます。ぬらした時に曲がらない紙もありますが、曲がる紙については、曲がらない方向がせんいの向きです。

花　子：それぞれの紙について、先生が選んだ一つの角を使って同じ大きさの正方形に切り取り、**実験2**をやってみます。

実験2の結果は、**図3**のようになりました。

図3　**実験2**の結果

プリント用の紙	新聞紙	工作用紙
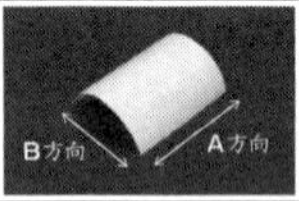		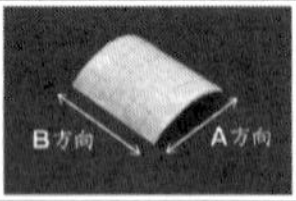

花　子：**実験3**はどのようなものですか。

先　生：短冊《たんざく》の形に切った紙の垂《た》れ下がり方のちがいを調べます。紙には、せんいの向きに沿《そ》って長く切られた短冊の方が垂れ下がりにくくなる性質がありますが、ちがいが分からない紙もあります。

太　郎：短冊は、同じ大きさにそろえた方がいいよね。

花　子：AＡ方向とB方向は、紙を裏返《うらがえ》さずに**図2**で示された方向と同じにしないといけないね。

二人は、**図2**で先生が方向を示した紙について、**図4**のようにA方向に長い短冊Aと、B方向に長い短冊Bを切り取りました。そして、それぞれの紙について**実験3**を行いました。その結果は、**図5**のようになりました。

図4　短冊《たんざく》の切り取り方

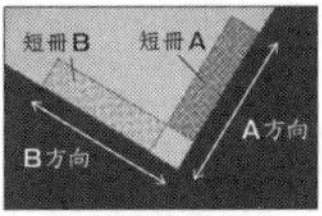

図5　**実験3**の結果

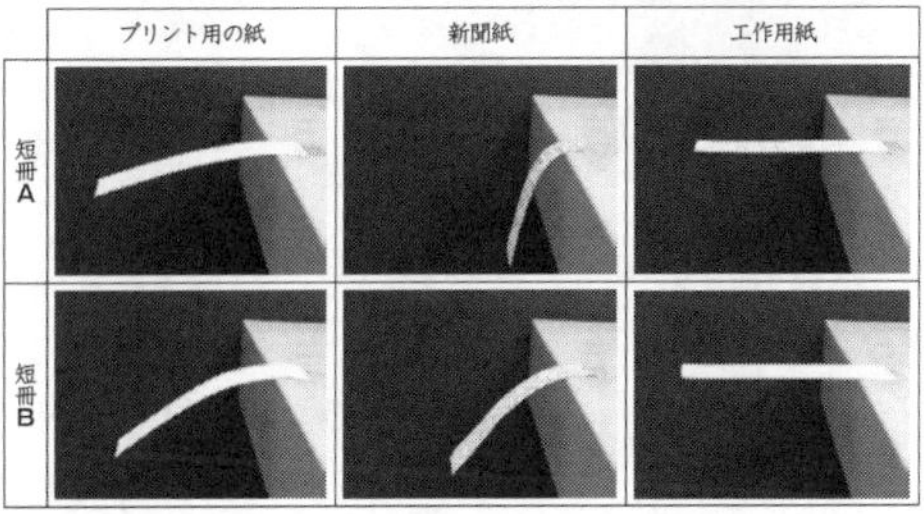

太　郎：**実験2**と**実験3**の結果を合わせれば、プリント用の紙、新聞紙、工作用紙のせんいの向きが分かりそうですね。

〔問題2〕　プリント用の紙、新聞紙、工作用紙のうちから一つ選び、選んだ紙のせんいの向きは、**図2**で示されたA方向とB方向のどちらなのか答えなさい。また、そのように答えた理由を**実験2**の結果と**実験3**の結果にそれぞれふれて説明しなさい。

－ 16 －

太　郎：私《わたし》たちが校外学習ですいた和紙を画用紙にはって、ろう下のかべに展示《てんじ》しようよ。

先　生：昔から使われているのりと同じようなのりを使うといいですよ。

花　子：どのようなのりを使っていたのですか。

先　生：でんぷんの粉と水で作られたのりです。それをはけでぬって使っていました。次のような手順でのりを作ることができます。

〔のりの作り方〕
1　紙コップに２gのでんぷんの粉を入れ、水を加える。
2　割《わ》りばしでよく混ぜて、紙コップを電子レンジに入れて２０秒間加熱する。
3　電子レンジの中から紙コップを取り出す。
4　ふっとうするまで２と３をくり返し、３のときにふっとうしていたら、冷ます。

太　郎：加える水の重さは決まっていないのですか。

先　生：加える水の重さによって、紙をはりつけたときのはがれにくさが変わります。

花　子：なるべく紙がはがれにくくなるのりを作るために加える水の重さを調べたいです。

先　生：そのためには、加える水の重さを変えてできたのりを使って、**実験４**を行うといいです。

太　郎：どのような実験ですか。

先　生：**実験４**は、和紙をのりで画用紙にはってから１日おいた後、**図６**のようにつけたおもりの数を調べる実験です。同じ重さのおもりを一つずつ増やし、和紙が画用紙からはがれたときのおもりの数を記録します。

花　子：おもりの数が多いほど、はがれにくいということですね。

先　生：その通りです。ここに実験をするためのでんぷんの粉が5回分ありますよ。はけでぬるためには、加える水の重さは１回あたり５０g以上は必要です。また、紙コップからふきこぼれないように、１５０g以下にしておきましょう。

太　郎：のりしろは5回とも同じがいいですね。

図６　実験４のようす
（横からの図）

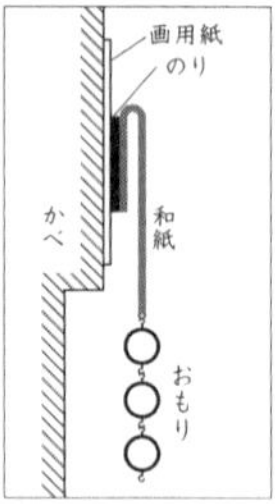

二人は、１回めとして、加える水の重さを５０gにしてできたのりを使って、**実験４**を行いました。そして、２回めと３回めとして、加える水の重さをそれぞれ６０gと７０gにしてできたのりを使って、**実験４**を行いました。その結果は、**表２**のようになりました。

［資料13］都立中高一貫校適性検査Ⅱ（共通問題）⑱

表2　1回めから3回めまでの**実験4**の結果

	1回め	2回め	3回め
加える水の重さ（g）	50	60	70
おもりの数（個）	44	46	53

花　子：さらに加える水を増やしたら、どうなるのかな。たくさん実験したいけれども、でんぷんの粉はあと2回分しか残っていないよ。

先　生：では、あと2回の実験で、なるべく紙がはがれにくくなるのりを作るために加える水の重さを何gにすればよいか調べてみましょう。のりを作る手順は今までと同じにして、4回めと5回めの**実験4**の計画を立ててみてください。

太　郎：では、4回めは、加える水の重さを100gにしてやってみようよ。

花　子：5回めは、加える水の重さを何gにしたらいいかな。

太　郎：それは、4回めの結果をふまえて考える必要があると思うよ。

花　子：なるほど。4回めで、もし、おもりの数が［（あ）］だとすると、次の5回めは、加える水の重さを［（い）］にするといいね。

先　生：なるべく紙がはがれにくくなるのりを作るために、見通しをもった実験の計画を立てることが大切ですね。

〔問題3〕（1）　5回めの**実験4**に使うのりを作るときに加える水の重さを考えます。あなたの考えにもっとも近い［（あ）］と［（い）］の組み合わせを、次の**A**～**D**のうちから一つ選び、記号で書きなさい。

A　（あ）35個　（い）　80g
B　（あ）45個　（い）110g
C　（あ）60個　（い）　90g
D　（あ）70個　（い）130g

（2）　あなたが（1）で選んだ組み合わせで実験を行うと、なぜ、なるべく紙がはがれにくくなるのりを作るために加える水の重さを調べることができるのですか。3回めの**実験4**の結果と関連付けて、理由を説明しなさい。

- 18 -

大学入試改革がもたらした、思わぬ果実

この5年間で思考力型入試や適性検査型入試といわれる形式の中学入試が急激に増えたのには2つの背景があると考えられる。

1つは公立中高一貫校人気だ。

第3章でも述べたとおり、東京都立の中高一貫校の平均倍率は約6倍。10校がすべて同日に入試を行うため、併願もできない。6分の1の確率の一発勝負だ。

そこで惜しくも不合格になった受験生たちの受け皿になろうと、私立中学受験対策をしていない受験生にも受けやすい入試の形式として、適性検査型の入試は始まった。思惑通り、ここに多くの受験生が集まった。

はじめは正直、公立中高一貫校の「おこぼれに与《あずか》る」ような印象もあったのだが、受験生が増えるだけでなく、学力的にもポテンシャルの高い生徒が集められることが次第にわかってきて、人気校のなかにも実施校が増えた。

もう1つの背景は、大学入試改革という追い風だ。

大学入試改革の議論が始まり、「新しい学力観」に対する世間の関心が高まった。

各私立中高一貫校でも、「学力」を広く捉え直して生徒たちを評価しようとする動きが広まった。効果的なアクティブ・ラーニングの研究も進んだ。

すると、いままでの授業ではなかなか実力を発揮することの少なかった生徒が、生き生きと学びはじめる場合があることに現場の教員たちは気づいた。光を当てる角度を少し変えてやれば、光り輝く生徒がたくさんいることがわかった。

だったら、それを入試にも応用してみよう。

こうして、四教科・二教科入試だけでなく、さまざまな角度から受験生に光を当てるための多様な入試が発明されたのだ。

政府主導の大学入試改革自体は怪《あや》しげな方向に進んでいるが、そのもともとの理念と時代の変化を正確に捉えた私立中高一貫校は、小回りの良さを活《い》かし、各々の判断で、あるべき授業の姿と入試の姿をすでに具現してしまった。

これは大学入試改革が間接的にもたらした、思わぬ果実である。

10種類もの入試タイプがある学校

宝仙《ほうせん》理数インターは、入試の種類の多さで群を抜く。その数なんと10種類。この1校の入試を見るだけで、多様化する中学入試のほとんどの形式がカバーできてしまうので、一つ一つ見ていこう。

『4科入試』は普通の四教科入試。『公立一貫型入試』は適性検査そっくりの「思考力型入試」。『帰国生入試』は帰国生やインターナショナルスクールで学んで来た受験生向け。ここまではよくある。

『新4科特別総合入試』は、普通の四教科の中学受験勉強をしてきた受験生向けに出す合科型のテスト。1つの大問のなかに、四教科の基礎的な知識や技能を問う問題がミックスされているが、適性検査型の問題よりもシンプルに構成されている。

『英語AL(Advanced Learner)入試』は、英検3級以上をもつ受験生を対象に45分間の英語の試験を行う入試。帰国生対象ではなく、日本で英語を学んできた小学生を対象にした「英語入試」である。

以上は基本的にペーパーテストがメインであるが、そのほかの6種類はペーパーテストの枠を超えている。「アクティブ・ラーニング型」や「プレゼン型」の入試だ。『入試理数インター』は、アクティブ・ラーニング形式授業で行われる同校独自の設定科目「理数インター」をそのまま入試に応用したもの。数人ごとのグループに分かれた受験生に〝答えのないお題〟が与えられ、受験生同士議論をし、結果を発表する。90分間の試験時間中のふるまい全体を評価対象とする。

『リベラルアーツ入試』は、これまでの自分の学習歴（習い事なども含むすべての学びの体験）を事前に文章にまとめておき、それをもとに面接形式でアピールするプレゼン型の入試。『グローバル入試』はその英語版。『ＡＡＡ（トリプルエー）入試』はいわば『リベラルアーツ入試』のハイレベルバージョン。「アスリート」「アーティスト」「アカデミック」の各分野で全国レベルの実績、またはそれに準ずるような実績をもつことが出願資格とされている。

さらに２０２０年の入試から加わるのが『読書プレゼン入試』。約５分間、試験官に対して自分の大好きな本をおすすめしたあと、約15分間の質疑応答がある。

『リベラルアーツ入試』『ＡＡＡ入試』『グローバル入試』などの入試での評価は、試験官の主観による部分がどうしても大きくなる。そのため試験当日、校長自ら保護者に対して、「もしもこの入試で合格できなかったら、お子さんの力が不足していたわけではなく、『学校がわが子の良さを見抜けなかった。校長の目が節穴だった』と思ってください」という説明がある。

また、入試区分によっては基礎学力はまったく問われないのかと心配になるかもしれないが、そこへの手当もちゃんとある。

『リベラルアーツ入試』『グローバル入試』『AAA入試』『入試理数インター』『読書プレゼン入試』『英語AL入試』に関しては、「日本語リスニング」のテストが行われるのだ。試験時間は45分間。4～7分程度の音声を聞きながらメモを取り、音声終了後に問題用紙をめくって解答する。まとまった内容の話を聞き、話の主旨を正しく理解できたか、また自分の理解したことを課題解決に用いる応用力があるかを試す。

入試改革によって宝仙理数インターは受験者が激増。定員割れを起こす学校も多いなか、中学からの入学定員を大幅に増やした。

宝仙理数インターの『入試理数インター』の様子（写真提供：首都圏模試センター）

宝仙理数インターの『AAA 入試』の様子（写真提供：首都圏模試センター）

プログラミング入試も登場

そのほか、先駆的な入試の例を挙げていく。

かえつ有明《ありあけ》には『AL（アクティブ・ラーニング）思考力特待入試』がある。少し哲学的な香りがする、答えのないお題が与えられ、受験生同士が議論する。ホワイトボードにマインドマップを描いてもいいし、付箋を使ってもいい。各グループを専属で見る試験官、2グループをまとめてみる試験官、全体を見る試験官の3層構造で評価する。評価基準は、「学ぶ姿勢」「多様な価値観への深い理解」「コラボレーション、共創する」など。

日大豊山《ぶざん》女子には「思考力（プレゼン）型入試」がある。いくつかのテーマのなかから自分が取り組むテーマを選び、そのテーマについて、図書館の資料やインターネットを使って自由に情報収集し、最終的に1枚の画用紙に自由にまとめる。その後各自5～10分間の発表を行う。「自分の言葉で論理的に話すことができたか」「根拠となることが客観的な事実に基づいているか」「幅広い視野をもって物事を見ているか」がポイントとなる。

相模《さがみ》女子大学中等部には『プログラミング入試』がある。タブレット端末を使って、モーターカーをプログラミングして、障害物を避けながらゴールまで荷物を運ぶというミッション。評価基準は、ミッションの成否にあるのではない。モーターカーの動作への基本的理解度、プログラミング力、プログラミングを完成させる努力およびその持続力、完成したプログラミングの補正および再構築能力、そしてミッション成功まで取り組む姿勢など多岐にわたる。

共立女子第二中には『サイエンス入試』がある。試験官の指示に従って実験・観察を行い、わかったことや考えたことをレポートにまとめるというもの。２０１９年の入試では、ＬＥＤ（発光ダイオード）を利用した実験が行われた。問題用紙には、「ＬＥＤ２個と乾電池４個、電流切り替えスイッチを用いて、スイッチを切りかえると、点灯するＬＥＤが切り替わる回路をつくりなさい」など、４つの問題があった。

共立女子には『インタラクティブ入試』がある。日本で英語を学んできた受験生を対象に算数の筆記試験と英語の試験を行うが、英語はペーパーテスト形式ではない。ネイティブの試験官を中心に、数人のグループで英語のゲームや対話を楽しむ。英語を用いて表現しようとする姿勢を評価する。

東洋大京北《けいほく》には『「哲学教育」思考・表現力入試』がある。与えられたテーマに対する小論文を書くテストだ。2019年の入試では、「自立」というキーワードが与えられ、まず受験生が自ら3つの「問い」を考えた。それが問1。次に、自分で考えた3つの「問い」のなかから、好きなものを1つ選び、その「問い」に対する自分の考えを600字程度で記述する。これが問2。以上を50分間で行う。これは形のうえではペーパーテストだが、作文を書くことが得意な受験生が自分の持ち味を表現することのできる入試方法の1つだととらえられる。

ただしこれだけ特徴的な入試に、いきなりぶっつけ本番で臨んだら、要領がつかめず普段の力が発揮できない怖れがある。でも大丈夫。このような特殊な入試を行う学校は、特にアクティブ・ラーニング型の入試を行っている学校は、たいてい入試体験会を実施している。実際に体験してみて「面白い!」と思えるのなら、その入試で合格を勝ち取れる可能性は高い。しかもその学校の授業が楽しいと感じられる可能性も高い。運命の出会いだ。

最近はこのような変わった入試を行う学校が合同で入試体験会を開催することもある。そこに行けば複数の学校のユニークな入試を一度に体験できる。
以上、特徴的な入試例を挙げたが、類似の入試を行う学校はほかにも多数ある。また、このような特徴的な入試では、何らかの形で基礎学力を試すテストも併せて実施されている場合が多いことも念のため付け加えておく。くわしくは各学校のホームページなどを確認されたい。

「弱点補強」は時代遅れ!?

中学入試の多様化の、もう1つの流れとして、「得意科目選択入試」がある。「算数1科」あるいは「算数・国語のうちから1科選択」「英語も含めた5教科のなかから3科選択」などという形で、自分の得意な教科だけで受験する入試だ。
従来の中学受験では、四教科でバランス良く得点できる受験生が有利だった。だから「弱点補強」という発想も強かった。しかし12歳の子どもに凸凹があるのは当たり前。「だったら、いちばんいいところを見てあげようよ」という発想の入試である。

どれか1教科についてだけでもずば抜けて高い学力をもっているのなら、それがポテンシャルの証明となる。中高6年間のうちに他教科の学力も十分に伸ばせるというのだ。どの教科も平均的な点数がとれる、似たような生徒ばかりが集まるクラスをつくるよりも、数学が得意な生徒も国語が得意な生徒も英語が得意な生徒もいるようにしたほうが、お互いに刺激を受けて切磋琢磨しやすい。

いま急激に増えている「英語入試」も同様の発想だ。「中学受験勉強だけでなく、英語についても努力してきたのなら、それを評価します」ということである。

帰国生ではなく、日本で英語を学んできた子どもを対象にした「英語入試」は、2014年には首都圏でたった15校が実施していたにすぎなかったが、2019年には125校が実施するまでに増えている。

ただし求められる英語力のレベルは学校によってまちまち。英検3級程度が合格ラインである場合が多いが、慶應湘南藤沢のように英検2級~準1級と、難関大学受験生並みの英語力を求めている場合もある。

これらの「新型入試」に共通するのは、「私立中高一貫校で学ぶための『読み書き算盤《そろばん》』的な基礎学力は身につけておかなければいけないが、最難関校の入試問題のような難問が解けるようになるまで訓練する必要はない。その代わりに子どもの好きなこと、得意なこと、意欲を見せてほしい」ということだ。

そうして自分がいちばん輝く角度から光を当ててもらって入学が認められた受験生たちは、自己肯定感が高い状態で入学してくれることが多いと複数の学校の教員が口をそろえる。単純に偏差値で輪切りにされたのではなく、「この学校は自分の得意な部分を認めてくれた学校」という思いを抱くからだ。自己肯定感が高いと、その後の学力の伸びが順調だとも言う。これが「新型入試」のいちばんの価値だと私は思う。

四教科型入試も思考力重視

首都圏の中学受験に大きなうねりをもたらしている「新型入試」ではあるが、一方で導入校数の伸びは、今後鈍化すると私は予測している。

従来通りのルールでうまくいっている学校、すなわち偏差値上位校は、新しいルールを取り入れる必要がないからだ。その意味では新型入試は必要な学校にはほぼ浸透し、普及率は飽和状態に近づいているのではないかと思うのだ。

特に最難関校と呼ばれるような学校においては、四教科・二教科入試という枠組みのなかで、高度な思考力を試す問題を出題するのが伝統にすらなっている。受験者のレベルが高いと、知識量、技能の正確さとスピード、思考力の高さのすべてを求めても選抜試験として十分に機能するからだ。

たとえば2018年の開成の国語の問題は「大学入試改革の狙いを先取りしたものではないか」と大きな話題になった。

カニ弁当を販売する企業の一室での会話に、2カ所のデパートでのカニ弁当の売上のグラフが添えられており、社長が、各現場担当者の評価を下している。なぜ社長は、多くの弁当を売り上げた社員Aよりも売上の少なかった社員Bを高く評価したのか、その理由を書けという問題だ。

2019年の慶應湘南藤沢中等部の国語では、「日本のプロ野球選手の月別出生数」と「日本人男性の月別出生数」の2つのグラフが掲出され、「次の二つのグラフを見て、『なぜ日本のプロ野球選手は四月~七月生まれが多いのか』という問いに対する答え（仮説）を考えて書きなさい。また、その答え（仮説）が正しいことは、どうすれば証明されるかを説明しなさい」と問う。１６０字以内の記述式だ。

同じく２０１９年のフェリスの国語では、音楽がもつ「時間の一回性／不可分性／不可逆性の共有」という性質を論じる文章のあとで、「テレビ・ラジオのコマーシャルソングや電車の発車メロディーのような、一部だけを用いた音楽について、良い点と悪い点の両方を挙げながらあなたの考えを二百字以内で書きなさい」と問う。

モノサシが増えることに意味がある

国語だけではない。２０１９年の麻布の社会では、スポーツの歴史および商業化されるスポーツ、政治に利用されるスポーツに関するおよそ５０００字にもおよぶ長文を読ませたあとに、下線部に関連して次のように問う。

「企業内のチームに所属した選手は、会社での仕事をしながら練習や試合をこなします。プロ選手のように独立せず企業内のチームに属することは、選手にとってどのような利点がありますか。答えなさい」

「スポーツは社会のなかで時代ごとにさまざまな役割を期待されてきました。今後予想される社会の変化が生み出す問題を、スポーツで解決していくとすれば、どのような役割がスポーツに求められますか。具体例をあげて100字以上140字以内で述べなさい」

当然東京オリンピックを意識しての問題である。この章の冒頭で紹介した聖学院の『難関思考力入試』とテーマが似ていることも興味深い。あちらは「新型入試」という形式で、こちらは四教科入試という枠組みのなかで、似たようなことを受験生に考えさせているのである。

このレベルの問題が、最難関の中学では昔から普通に出題されてきた。もっとも特徴的であり伝統的であり有名なのは武蔵の「おみやげ問題」だ。

問題用紙といっしょに袋が配付され、そのなかになんらかのモノが入っている。2019年には1本の紙テープを折ってつくったしおりが入っていた。それを使ってその場でしおりに線を描き入れたり、ほどいたりという作業をさせる。その結果わかったことを、自分の言葉で論理的に説明させるのだ。過去にはネジが入っていたり、マグネットシートが入っていたり、画びょうが入っていたり。これが大正時代の創立初年度からの伝統なのである。

教科という枠組みのなかにあってもこれだけ楽しく考えさせる入試を、いまさら変える必要がない。それどころか、大学入試改革の風潮が後押しとなり、さらに進化を続けることが見込まれる。

「新型入試」の登場に目を付けたメディアから「教科という枠組みを超えた入試が増えると、中学受験塾は今後どう変化するのでしょうか。サピックスが衰退するということもあり得るのでしょうか」などという質問を受けることがあるが、いくら「新型入試」が増えたからといって、難関校が従来通りの入試スタイルを続けている限り、中学受験勉強の基本様式が様変わりするということはあり得ないと、ここではっきり申し上げておく。

「新型入試」の登場は、いままでのルールをひねり潰してひっくり返そうというものではない。子どもを評価するモノサシが増えることに意味がある。ゆえに従来のモノサシを否定する必要はなく、それはそれでそのまま使い続ければいい。

［資料14］武蔵の「おみやげ問題」（2019年）

19	受験番号
中	

理科　その４　（４枚のうち）

3　袋《ふくろ》の中に、図１のような形の、１本の紙テープを折って作った栞《しおり》が２つ入っています（１つは予備です）。
まず、栞の片面だけに、図２のような「中心を通る太い線」を書き入れなさい。この栞をほどいたり、折り直したりして、以下の問いに答えなさい。

（試験が終ったら栞は袋に入れて持ち帰りなさい。）

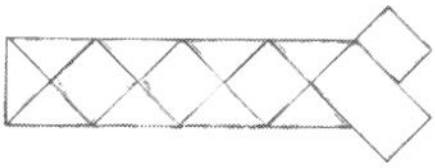
図１

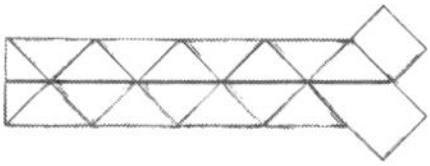
図２

問１　下の図３は、図２の栞をほどいたときの紙テープを表していて、図中の二重線（══）は山折りの線を示しています。
（１）この図に、谷折りの線を点線(----)で、栞に書いた太い線を実線（──）で書き入れ、図３を完成させなさい。
（２）栞をほどいたときの太い線が、ほどく前に、どことどこがつながっていたのが分かるように、図３の紙テープの外側で線を結びなさい。

図３　栞をほどいたときの紙テープ

問２　問１の結果から、栞をほどいたときの太い線の現れ方やつながり方が規則的であることがわかります。それがどのようなものかを説明しなさい。図をかいてはいけません。

第5章

いま親に必要な「中学受験情報リテラシー」

偏差値が悪者扱いされるわけ

大学入試改革と直接の関係はないが、これからの時代に中学受験をするのなら知っておかなければならない基礎知識をこの章で押さえておく。偏差値や大学進学実績に関する読解力、いわば「中学受験情報リテラシー」である。これまでにもさまざまなメディアで注意喚起している話なので、私が書いた過去の類似記事をすでに読んだ読者は読み飛ばしてもらって差し支えない。

まず学校名がずらりと並ぶ「偏差値一覧」について触れておきたい。「偏差値」という言葉には、本来の教育や子どもの姿を歪《ゆが》める悪者としてのイメージがついてしまっているような気がする。しかし、偏差値という客観的な指標がなければ、受かるはずもない学校をやみくもに受験する子どもも現れ、余計な悲劇を生むことになる。中学受験の全滅のリスクも増す。

1960年ごろから徐々に、高校受験の模試業者によって偏差値が使用されはじめた。しかし、偏差値という概念があまりに抽象的で理解が困難なため、偏差値が一人歩きを始める。偏差値があたかも学校の善し悪しを表すかのように誤解され、それに盲目的に従う学校選びが横行した。

しかも1979年に始まった「共通一次試験」によって、全国の大学の入試難易度が序列化され、そのモノサシとして、偏差値が重宝されるようになる。つまり、40年前に良かれと思って実施された大学入試改革が、偏差値偏重の受験文化を定着させたのだ。それを払拭しようとしていま新たな大学入試改革が進められ、新たな混乱を招いていることは皮肉である。

「偏差値」が、教育を歪める悪の権化としての地位を確立したのは、1983年、当時の中曾根康弘《なかそねやすひろ》首相が「偏差値より人間性を!」と訴えて、「教育改革七つの構想」を発表したときだと考えられる。

中曾根首相が訴えたかったのは、ペーパーテスト偏重の教育からの脱却である。偏差値という、抽象的な概念をスケープゴートとして利用することで、スローガンは見事マスコミや国民の心を打った。戦後、高度化・大量化していく一方だった学習指導要領の方針を転換し、「ゆとり教育」が始まったのは、実はこのころからである。つまり現在の親世代こそ、「ゆとり教育第一世代」なのだ。

ただし、偏差値によって受験生が振り回されてしまうのは、偏差値のせいではない。偏差値という数字の性質を理解していないからである。

偏差値とはもともと、数学の確率や統計学の知見から得られた概念である。その数学的根拠を理解することは、数学者などでない限り難しいとされる。本書でもそこまでを説明しようとは思わないし、できない。概念だけを説明する。

ＰＩＳＡのスコアもＩＱも実は偏差値

受験者数や問題の難易度により、テストごとの平均点や得点の分布は異なる。ある受験者が、数学で80点、英語で70点だったからといって、数学のほうが得意であるとはいえない。同様に、同じ受験者が、次のテストの英語で80点をとったからといって、それだけではほかの受験生と比較して、英語の成績が伸びたともいえない。テストの素点や順位だけでは、母集団の中における自分の相対的な位置が上がったのか下がったのかがわかりにくい。

そこで、受験者数や問題の難易度の変化の影響をなくし、受験者のなかで自分の相対的な位置を知るために用いられるようになったのが偏差値である。要するに、平均点から、上もしくは下にどれだけ離れているかを示す数字である。

偏差値を用いることにより、受験者全体のなかにおける自分の位置が、前回のテストに比べて上がったのか、下がったのかを比較できるようになる。もしくは英語と数学のどちらが相対的に良い成績をとれているのかを比較できるようになる。

日本では、「標準偏差（データのばらつきを示す値）」を10になるように換算したうえで、平均点を「偏差値50」としてすべてのサンプルに50の下駄を履かせた数字を使用している。平均点を「50」として標準偏差を「10」とする偏差値の表し方は、日本独自の方法である。この場合、偏差値60は、偏差値40の1・5倍なのではなく、平均値を挟んで真逆の方向に同じだけ離れていることを表している。本来は、偏差値60と偏差値40はそれぞれ、平均値に対してプラス10とマイナス10を表しているのだ。

たとえば国際的な学力調査として有名なＯＥＣＤ（経済協力開発機構）のＰＩＳＡ（学習到達度調査）で発表されているスコアは素点ではなく、平均点５００・標準偏差１００の偏差値そのものである。一般的なＩＱテストのスコアも、平均点１００・標準偏差15の偏差値そのものである。大規模で影響力のあるテストではむしろ素点は発表されず、偏差値そのものがスコアとして発表されるのだ。

受験者の得点分布が、釣り鐘型の正規分布を示す場合、理論的には、偏差値70以上は約2％、60以上は約16％、50以上が約50％、40以上が約84％、30以上が約98％いるといわれている。ただし、テストの質や母集団によっては、満点が続出したり、分布が二極化したりと、受験者の得点分布が正規分布を示さない場合がある。そのときには偏差値はほとんど意味を成さない。

偏差値一覧のつくられ方

偏差値とは、あくまでも受験者に対してその成績に応じて付されるものである。それなのになぜ、「偏差値一覧」では、学校に偏差値が付されているのか。偏差値が一人歩きをしはじめるのはこの辺りからである。

いまでこそ「偏差値一覧」は受験生にとって身近なツールである。しかしそれが日本で初めて大衆の目にするところとなったのは１９７５年。「週刊朝日」が、東京・神奈川・千葉・埼玉の公立・私立高校の「合格者の偏差値」と「合格率50％の偏差値」を数値化し、一覧にまとめたのである。それまでなんとなくのイメージでしか存在しなかった学校の序列が、客観的な数値によって明示されたことは衝撃的だった。これが「偏差値一覧」の草分けである。

では、現在の中学受験の偏差値一覧はどのようにつくられているのか。

中学入試本番が終わり、合否が確定したころ、模試の実施業者は、模試受験生一人一人の入試結果を調査する。そして保管していた模試の偏差値と入試本番の合否を照合する。それを集計するとたとえば図6のようなグラフができる。

このグラフでは、偏差値62で合格者と不合格者が半々になり、偏差値65では合格者が8割を超え、偏差値67では100％合格していることがわかる。つまりこの学校には、偏差値62あれば50％の確率で合格できるし、偏差値が65あれば80％の確率で合格できることがわかる。

これを、各学校について求め、一覧表にまとめる。図6の学校の場合、「合格率50％の結果偏差値一覧」の中では「偏差値62」の欄に、「合格率80％の結果偏差値一覧」

［図６］ 模試の偏差値と合否を集計したグラフ

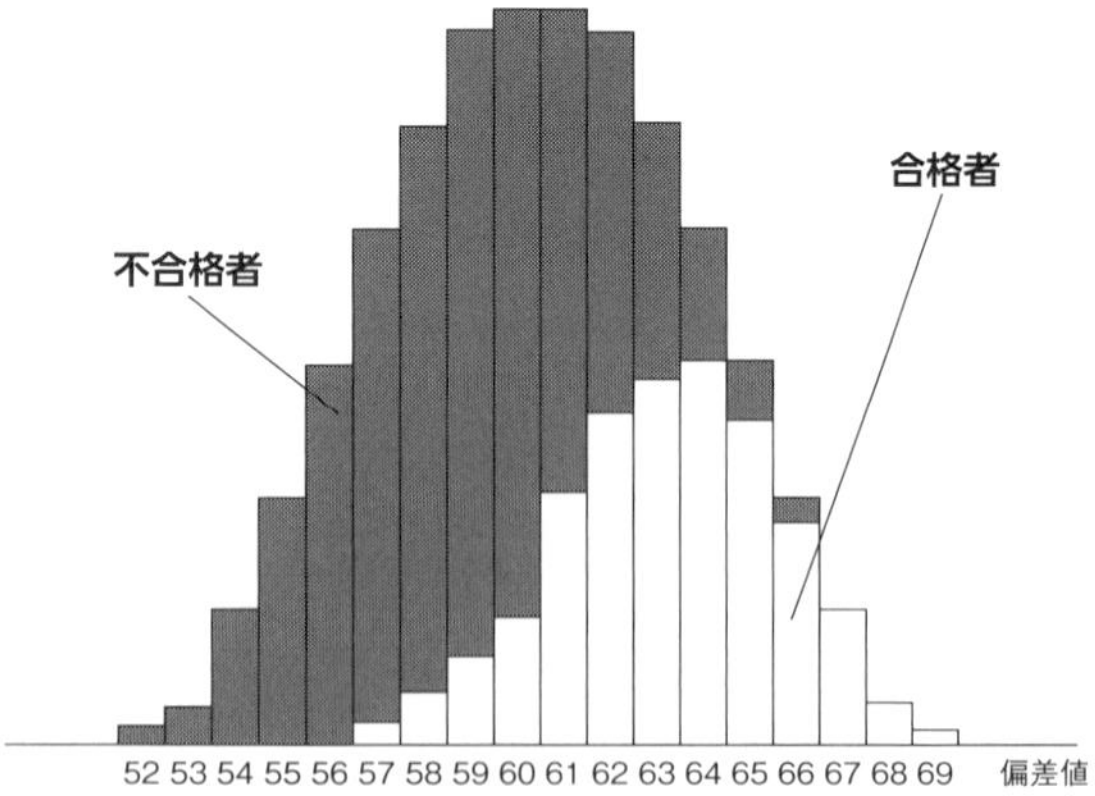

の中では「偏差値65」の欄に、それぞれ校名が記されることになる。それを「合格率50％の結果偏差値一覧」「合格率80％の結果偏差値一覧」などという形で各塾や模試業者が発表しているのだ。こうして、本来であれば受験者に付されていた偏差値が、学校に付される。

毎回の模試で配付される偏差値一覧はこの「結果偏差値」をベースに、志願者数の動向や入試日の変更などを考慮して、塾や業者が来年の入試難易度を予想した「予想偏差値」だ。

予想の仕方は塾や業者によって異なり、ある偏差値一覧では高いところにあ

［図7］ 模試ごとの偏差値の違いの例

	SAPIX	日能研	四谷大塚	首都圏模試
開成	67	71	71	78
麻布	62	67	67	75
武蔵	58	65	63	73
桜蔭	62	67	71	77
女子学院	61	66	70	76
雙葉	58	64	67	73

※2019年9月にそれぞれのホームページで調べた予想偏差値。

る学校が、別の偏差値一覧では思ったよりも低いところに書かれていることもある。より正確に各校の入試難易度を比較したいのなら、偏差値一覧はできるだけ複数を見比べたほうがよい。

首都圏では、サピックス、日能研、四谷大塚、首都圏模試センターの模試がメジャーだが、実際、それぞれから発表される各学校の偏差値はずいぶんと違う。模試を受けている母集団の学力や志望校選択傾向が違うからだ。都内で人気の某男子校は、四谷大塚の偏差値では50、日能研では49だが、サピックスでは39、首都圏模試では62になる。

「バブル偏差値」にご用心

しかし、偏差値が高いからといっていい学校とは限らない。これには2つの意味がある。

1つは文字通り、学校に対する価値評価はひとそれぞれで、単なる入試難易度を示す偏差値のような単純なモノサシでは測れないということ。

もう1つは、中学受験における偏差値が複雑怪奇になりすぎて、単純な数字として比較ができなくなっているという意味だ。より端的にいえば、いくつかの条件が重なると、偏差値が異常値を示すことがある。いわば「バブル偏差値」。しくみを説明しよう。

まず前提として、昨今、できるだけ多くの受験生を集めたい私立中高一貫校は、入試回数を増やす傾向にある。首都圏ののべ中学入試回数は約1200回。学校数は約300。1校あたり平均約4回の入試を行っている計算だ。Aという学校に行きたいと思っても、1回目の入試を受験するのか、2回目の入試を受験するのか、「特進コース」の枠を狙うのかによって偏差値が大きく異なる。

入試回数を増やして1回あたりの募集定員を減らせば、倍率は上がりやすい。倍率が上がれば結果偏差値も上がる。「特進コース」のような特別枠の入試を設定し、合格者をごく少数に絞るのはまさにそういうケースに当たる。

入試日を変えることでも偏差値は変動する。特に首都圏で、2月1日の午前中の入試を、2月2日以降に変更すると、偏差値は跳ね上がる。2月1日は東京・神奈川の私学の間で取り決められた中学入試解禁日。御三家をはじめとする難関校が一斉に入試を行う。しかしどこか一つを選ばなければならない。だから優秀な生徒が分散する。しかし、たとえば御三家の一角が、仮に2月2日に入試日を変更したらどうなるか。おそらく2月1日に別の御三家やそのほかの難関校を受けた受験生が、2日にはその学校に集中するだろう。それだけで倍率は高騰し、結果偏差値も上がるのだ。

さらに昨今では午後入試も盛んだ。午前中に1校受け、急いで移動し、午後にもう1校受験する。中学入試のダブルヘッダーである。たとえば2月1日の午後の入試には、同じ日の午前中に難関校を受験し終えた受験生が集まるため、ここでも結果偏差値が高めに出る。2月1日の午前と午後の両方に入試を行う学校で、総じて午後入試の結果偏差値のほうが高くなるのはそのためだ。ただしそういう学校では入学辞退者が多くなる。だからその分定員の何倍もの合格を出していることが多い。実際には合格者の上位層が抜け、下位層が入学する。実際の入学者の偏差値は、見た目上の結果偏差値よりも低くなりやすい。

同様の理屈で、千葉・埼玉では偏差値が高く出る傾向がある。東京と神奈川の私立中学の間では、2月1日を入試解禁日とすることを取り決めているが、千葉・埼玉はその限りではない。1月中旬から入試が始まる。2月1日の本命入試を前に、東京や神奈川からいわゆる「おためし受験」にやってくる受験生が多く、受験者数が非常に多くなる。2月には超難関校を受けるような受験生もやってくるため、複数回ある入試日程のどこかで定員を絞れば、その入試の結果偏差値は高めに出る。

競合の少ない日程に適度な募集定員の入試を設け、うまく広報すれば、その日の入試枠だけでも偏差値が上がる。するとその偏差値が注目されて、ほかの入試日の偏差値も上がる。これを私立中高一貫校の入試広報担当者の間では「入試戦略」と呼ぶ。これがうまくいくと、「見た目の偏差値」は高くなる。「バブル偏差値」のできあがりである。

学校の偏差値は最低値を見るべき

もっと悪質なケースもある。たとえばある学校で3回の入試を実施しているとする。1回目の入試は普通に行う。定員の少ない2回目の入試では意図的に高いハードルを設け、高得点の受験生にしか合格を出さない。そうすればその回の入試の偏差値は意図的に高くできる。そのうえで、2回目の入試で不合格になった受験生に、無料で3回目入試を受けさせてそこで合格を出し、生徒数を確保するのだ。ほとんど「詐欺偏差値」である。

3回目の偏差値は2回目の偏差値に比べてずっと低くなるが、マスコミは最も高い偏差値に注目しやすいので、「偏差値急上昇!」と話題になる。するとさらに人気が上がるのだ。

まるでラーメン店の行列だ。「行列ができているということはおいしいに違いない」と思ってしまうのと同じように、「偏差値が高い学校がいい学校に違いない」という間違った思い込みが働く。それで偏差値が上昇気流に乗っている学校はどんどん偏差値を上げるし、偏差値がちょっとでも下がりはじめると坂を転げ落ちるように偏差値が下がっていく二極化が起こる。

ある学校に入学してくる子どもたちのだいたいの学力を偏差値表から推《お》し量りたいのなら、その学校の複数回ある入試のなかでいちばん高い偏差値ではなく、最も低い偏差値に着目すべきである。あるいは最も多くの合格者を出している入試回の偏差値に着目すべきである。

「バブル偏差値」は、長い年月を経て評価を積み重ねてきた学校の偏差値とは意味が違う。くれぐれも偏差値だけで学校の価値を判断してはいけない。

偏差値表がバブル偏差値だらけになることで、偏差値が学校の価値を表すものではないことが否《いや》が応《おう》にも知れ渡るとするならば、それも「怪我の功名」といえるかもしれないが。

思考力を可視化した新指標「思考コード」

さらに、前章で述べたとおり、いま中学入試は多様化している。偏差値上位層にとっては、従来型の偏差値が依然意味をもつが、多様な入試を実施しているそれ以外の層の学校では、ますます偏差値が意味を成さなくなってくる。

そこで首都圏模試センターでは、偏差値に代わる指標として、2016年から模試の結果に「思考コード」と呼ばれる指標を設けた。知識量や処理スピードが有利に働く偏差値に対して、思考コードは思考力そのもののレベルを可視化するものだ。

大学入試改革が議論されるなかで「新しい学力観」への関心が高まり、小回りのきく私立中高一貫校各校は、大学入試改革の実施を待つまでもなく、独自に授業改革を進め、それぞれに学力観を拡張してきた。その際に、「学力の3要素」にも掲げられている「思考力」とは何かについての議論は避けられなかった。

知識や技能は反復練習で身につけさせることができる。しかしいくら形のうえでアクティブ・ラーニングを導入したところで、思考力が身につくとは限らない。意図的に思考力を高める授業設計をするためには、思考力そのものを可視化する必要があっ

［図８］思考コードのイメージ

（数）	（言語）				
変換操作	全体関係	変容 3	ザビエルがしたこととして正しい選択肢をすべて選び年代の古い順に並べなさい。 A3	キリスト教の日本伝来は、当時の日本にどのような影響を及ぼしたのか、２００字以内で説明しなさい。 B3	もしあなたが、ザビエルのように知らない土地に行って、その土地の人々に何かを広めようとする場合、どのようなことをしますか。６００字以内で答えなさい。 C3
複雑操作	カテゴライズ	複雑 2	ザビエルがしたこととして正しい選択肢をすべて選びなさい。 A2	キリスト教を容認した大名を一人あげ、この大名が行ったこと、その目的を１００字以内で説明しなさい。 B2	もしあなたが、ザビエルだとしたら、布教のために何をしますか。具体的な根拠と共に４００字以内で説明しなさい。 C2
手順操作	単純関係	単純 1	（ザビエルの写真を見て）この人物の名前を答えなさい。 A1	ザビエルが日本に来た目的は何ですか？５０字以内で書きなさい。 B1	もしあなたが、ザビエルの布教活動をサポートするとしたら、ザビエルに対してどのようなサポートをしますか。２００字以内で説明しなさい。 C1
			A 知識・理解思考	B 論理的思考	C 創造的思考
			知識・理解	応用・論理	批判・創造

た。

同じ問題意識をもつ私立中高一貫校の教員たちが自主的に集まり、議論を重ねるなかで、アメリカで開発された「教育目標分類学（通称ブルーム・タキソノミー）」をベースに思考力を段階的に示す方法が考案された。それが「思考コード」である。

生徒たちにグループディスカッションをさせる際でも、思考コードに照らし合わせながら、段階的に思考のレベルを引き上げていく授業が設計できるようになった。

思考コードの表し方はさまざまある

が、首都圏模試センターのやり方では、思考力を縦3段階×横3段階の9領域で表す。上に行けば問題としての難易度が上がる。右に行けば思考そのものの次元が上がっていく。

フランシスコ・ザビエルを題材にした問いを9つの領域にあてはめた図8を見ると、思考コードの意味がわかりやすいだろう。

首都圏模試センターの模試では、4教科の各設問が思考コード上のどの領域に相当するのかが分類されている。採点が終わると領域ごとの正答率が算出され、偏差値だけでなく、受験者の思考力の傾向もわかるようになっているのだ。

難関校に合格できるくらいに高いレベルの思考力をもっているのに基礎的な知識や技能の部分で点数を落としているがゆえに偏差値が低く出ているだけであることがわかる場合もある。

実際の模試の問題の一部を思考コードにあてはめてみたものが図9である。

国語	適性検査
⑤「人びとが幸福に暮らせる国を とありますが、織田信長はこれを にどのような行動を取りましたか。 **七十字以内**で答えなさい。 **算数** たまっている井戸があります。一 をくみ出すポンプでこの井戸の水 出すのに、ポンプを7台使うと8 ポンプを12台使うと4時間かかり 18台使うと何時間何分かかります 井戸の底からは一定の量の水が常 るものとします。	問二　―― 線部②に「道徳も同じです」とありますが、筆者は国語という教科と道徳とはどのような点が同じで、そのことから私たちはどうするべきだと言っていますか。ここより後の文章中の言葉を使って筆者の考えをまとめなさい。 　また、あなたはこれからの学校生活で、他の人とのよい関係を保つためにどのようなことをしていきたいと考えますか。そう考える理由もふくめて**四百字以上四百五十字以内**で具体的に書きなさい。また、次の【条件】と【きまり】に従いなさい。
国語 ③「自分の姓（名字）にどんな由 とありますが、自分の姓がたどっ 注目すると、どんなことがわかる れを最もよく表している一文を本 最初の**五字**を答えなさい。 **算数** んの所持金の比は7：3で、もし んに350円をわたすと、2人の 3：2になるそうです。Aさんの ですか。	**適性検査** 問12　会話中の＿＿Ⓓに「私《わたし》たちも温室効果ガスの排出《はいしゅつ》を減らす努力が必要だと思うわ」とありますが、あなたは温室効果ガスを減らすためにどのようなことができると考えますか。自分ができることや周りの人とできることなどを1つ挙げ、それが効果的である理由と共に100字以上120字以内で答えなさい。 　ただし、解答らんには1ますに1字を書き、1行目の1ます目から書きます。「、」や「。」も1字としますが、「、」や「。」がその行の最初にくるときは、前の行の最後のます目に入れます。また、段落分けや改行はしません。
B **理的思考** 用・論理	**C** **創造的思考** 批判・創造

［図９］首都圏模試の実際の問題の思考コード分類例

複雑操作	カテゴライズ	複雑 2	**国語** **問四** [1]～[3] に最もふさわしいことばを次からそれぞれ一つ選び、記号で答えなさい。 **ア** つまり　**イ** たとえば　**ウ** しかし **エ** なぜなら　**オ** そして **算数** (1)三角形の３つの内角の比が２：４：９のとき、最も大きい内角は何度ですか。	**問六** ―― 線 つくりたい」 実現するため **四十五字以上** (6)ある量の水が 定の割合《わりあい》で水 をすべてくみ 時間かかり、 ます。では、 か。ただし、 にわき出てい
手順操作	単純関係	単純 1	**国語** **問七** ══ 線（ａ）「ビジョン」、（ｂ）「ニーズ」、（ｃ）「リサーチ」の意味として最も適当なものを次からそれぞれ一つずつ選び、記号で答えなさい。 **算数** (6)7.8：5.2＝[　　]：4	**問三** ―― 線 来があるか」 てきた歴史に のですか。そ 文から探し、 (5)Ａさんと B さ Ａさんが B さ 所持金の比は 所持金は何円
			A **知識・理解思考** 知識・理解	**論** 応

入試問題との相性がわかる

子どもの思考力の傾向がわかったとして、どうすればいいか。そこで併せて見てほしいのが晶文社が発行する中学受験用の学校ガイド『中学受験案内』である。2020年度から、各学校の入試問題の「思考コード」分析が掲載されるようになった。首都圏模試の結果として得られる子どもの「思考コード」の傾向と、志望校候補の入試問題の「思考コード」の傾向が一致していれば相性が良いと考えられる。

これまで私もよく「入試問題はその学校の学力観を如実に表している。偏差値以上に相性がものをいう」と述べてきたが、どうやって相性をたしかめたらいいのかについては、「過去問をやってみて楽しいと思えたら、相性が良い証拠」などと説明することしかできなかった。でも志望校候補のすべての過去問を解いてみる時間などとてもない。だから最後は「塾の先生に聞いてみよう」などと言うしかなかった。

しかし思考コードが開発され、その観点から各校の入試問題が分析されるようになったことで、相性が一部可視化された。

晶文社の『中学受験案内』をパラパラとめくっていると、やはり名門校と呼ばれることの多い伝統的な難関校の入試では高いレベルの思考力を求めていることがわかる。逆に、偏差値は高いけれど新興進学校のイメージが強い学校では、入試で求める思考力のレベルが総じて低いことがわかる。

首都圏模試センターの山下一さんは、「入試傾向がわかるだけでなく、その学校での授業の様子が透《す》けて見えるかのようですね」と話す。実際、私がこれまで取材してきた感覚ともおおむね一致する。知的躍動を感じるような授業が行われている学校では、中学入試においても「思考コード」のB２以上の領域での出題が多いのだ。

つまり晶文社の学校ガイドの使い方は２通りある。

１つはわが子の思考力と相性の良い学校を見つけること。ただしそのためには首都圏模試センターの模試を受けなければいけない。通っている塾によって、受験を推奨される模試は決められているはずなので、タイミングが合えば首都圏模試センターの模試を受けてみても面白いと思うが、無理をする必要はない。

もし受験してみるなら、首都圏模試センターが実施する模試にも数種類あり、それぞれ出題される思考力の領域が違うので、子どもにあった模試を探してみてほしい。

［資料15］ 首都圏模試センターの各種模試と思考コードの対応

最難関模試 ⇔ **御三家＆難関校**

変換操作	全体関係	変容 3	**A3**	**B3**	C3
複雑操作	カテゴライズ	複雑 2	**A2**	**B2**	C2
手順操作	単純関係	単純 1	A1	B1	C1
(数)	(言語)		A 知識・理解思考 知識・理解	B 論理的思考 応用・論理	C 創造的思考 批判・創造

統一合判 ⇔ **中学受験スタンダード**

変換操作	全体関係	変容 3	A3	B3	C3
複雑操作	カテゴライズ	複雑 2	**A2**	**B2**	C2
手順操作	単純関係	単純 1	**A1**	**B1**	C1
(数)	(言語)		A 知識・理解思考 知識・理解	B 論理的思考 応用・論理	C 創造的思考 批判・創造

公立一貫模試 ⇔ **適性検査型・総合型**

変換操作	全体関係	変容 3	A3	B3	C3
複雑操作	カテゴライズ	複雑 2	A2	**B2**	**C2**
手順操作	単純関係	単純 1	A1	**B1**	**C1**
(数)	(言語)		A 知識・理解思考 知識・理解	B 論理的思考 応用・論理	C 創造的思考 批判・創造

※首都圏模試センター発行の冊子より

学校の中が透けて見える⁉

もう1つの使い方は、学校ガイドの思考コード分析をもとに、学校の授業の様子を推し量ってみることだ。

入試問題がその学校がもつ学力観を如実に表していることは間違いない。B2の領域までに踏み込んだ入試問題を多出する学校では、授業のなかでもそれと同等かそれ以上の思考力を鍛えようとすることが想像できる。一方、A領域やB1止まりの入試問題を出す学校では、基礎基本のくり返しを徹底するような授業が行われている可能性が高いと考えられる（あくまでも比較の問題だが）。

入学志願者の学力が高い場合には当然高いレベルの思考力を求めやすいが、そうでない場合、無理に高いレベルの思考力を求める問題をたくさん出しても得点に差が付かず、選抜試験として機能しなくなるという問題がある。でもそこで入試問題の思考力レベルをただ下げてしまうと、単純に知識量が多かったり処理スピードが早かったりするだけの生徒が入学してきてしまう。そうすると、授業のなかで高い思考力を求めることがますます難しくなり、学校全体の学力レベルが下がるという負のスパイラルが生じる。

そこで思考力そのものやそれぞれの子どもの得意分野を直接的に見ようとして開発されたのが、前章で詳述した「新型入試」だったととらえ直すことができる。

再び晶文社の学校ガイドをペラペラめくってみると、偏差値的にはそれほど高い位置にいなくても、入試で高いレベルの思考力を求めている学校がちらほらあることがわかる。「新型入試」を導入している学校だ。

知識の量や処理スピードという面ではまだ荒削りかもしれないが、高い次元で思考のできる受験生を狙い撃ちで選抜しているのだ。12歳時点での4教科全体の仕上がりのバランスは悪くてもいいので、6年間で十分に伸びるポテンシャルをもったダイヤの原石を見つけたいというわけだ。

バブル偏差値などへの注意は必要だが、偏差値一覧を見れば、入学時点での生徒たちのおおよその学力帯は想像が付く。一方、晶文社の学校ガイドの「思考コード」分析を見れば、その学校の生徒たちの伸びしろがわかるのではないかというのが現時点での私の仮説だ。

東大入試は3000脚のイス取りゲーム

次に東大合格者数ランキングについて。

毎年、東大の募集定員は約3000人。つまり3000のイスを奪い合うイス取りゲームだと捉えるとわかりやすい。そのうち1000強が首都圏出身者、残りの2000弱が地方出身者という構成比率は毎年だいたい変わらない。イスの数は増えないから、どこかが増えれば、どこかが減る。

東京都では、1970年代に入ってから、かつては都立高校の指定席であったイスの多くを私学が奪った。1967年に都立高校の入試に導入された「学校群制度」が都立高校離れを招き、学力上位層が私立中高一貫校に流れたのだ。いわば失政による都立高校の自滅であった。バブル景気とともに始まった1990年代には、東大合格者に占める私立高校出身者の割合が、公立高校のそれを抜き、みるみるその差を広げていった。

神奈川県においても、学区の細分化やわかりにくい選抜制度の導入のために、優秀な子どもたちが私立中高一貫校へ流出した。

［図10］2019年高校別東大合格者数ランキング

順位		高校	所在地	合格者数
1	◎	開成	東京	186
2	※	筑波大附駒場	東京	119
3	◎	麻布	東京	100
4	◎	聖光学院	神奈川	93
5	◎	灘	兵庫	74
6	◎	渋谷教育学園幕張	千葉	72
7	◎	桜蔭	東京	66
8	◎	駒場東邦	東京	61
9	◎	栄光学園	神奈川	54
10	◎	久留米大附設	福岡	50
11		日比谷	東京	47
12	◎	海城	東京	46
13	※	東京学芸大附	東京	45
14	◎	西大和学園	奈良	42
15		浦和・県立	埼玉	41
16	◎	浅野	神奈川	39
17	◎	東海	愛知	37
18	◎	甲陽学院	兵庫	34
	◎	ラ・サール	鹿児島	34
20	※	筑波大附	東京	32
21	◎	早稲田	東京	30
22	◎	豊島岡女子学園	東京	29
23	◎	女子学院	東京	27
		岡崎	愛知	27
	◎	東大寺学園	奈良	27
26		旭丘	愛知	26

順位		高校	所在地	合格者数
27	◎	武蔵	東京	22
28	◎	巣鴨	東京	21
		横浜翠嵐	神奈川	21
30		土浦第一	茨城	20
	◎	大阪星光学院	大阪	20
32		札幌南	北海道	19
	◎	栄東	埼玉	19
		千葉・県立	千葉	19
		西	東京	19
	◎	渋谷教育学園渋谷	東京	19
		湘南	神奈川	19
38		金沢泉丘	石川	18
39		仙台第二	宮城	17
		大分上野丘	大分	17
41	◎	市川	千葉	16
		国立	東京	16
		小石川中教	東京	16
		富山中部	富山	16
		岐阜	岐阜	16
		浜松北	静岡	16
	◎	洛星	京都	16
48		船橋・県立	千葉	15
	◎	攻玉社	東京	15
	◎	世田谷学園	東京	15
	◎	白陵	兵庫	15

※印は国立、◎印は私立、無印は公立

協力／大学通信

その結果、東京都や神奈川県で、私学の東大進学者数は急伸したわけだ。

昨今、千葉県や埼玉県で私立中高一貫校の東大進学者数の伸びが目立つ背景には、最近まで公立高校が多くのイスを確保していたという事情がある。新しい私立中高一貫校が続々誕生したことで中学受験への意識が高まり、東大に合格できるような地頭のいい子が、私立中高一貫校へ進学するケースが増えたのだ。

つまり、ある学校で「東大合格者数が増えた／減った」という現象は、学校の努力もさることながら、外的環境にも左右されやすいということだ。

東大合格者ランキングは２年平均で見る

もうひとつ、東大合格者数を見るときには「隔年現象」に気をつけてほしい。合格者が多く出た翌年は合格者数が減るという現象だ。

ある学校が、ある年に、多くの現役東大合格者を出したとする。すると翌年は浪人生の絶対数が少ないので、東大合格者も少なくなる。その逆もある。

私大など、併願されることが多い大学なら、現役で合格しても進学せず、浪人時に再度合格することでダブルカウントされ、隔年現象は打ち消されやすい。しかし東大は第一志望とされている場合がほとんどなので、受かった者から抜けていく。それだけ隔年現象が起こりやすい。

ゆえに「昨年は負けたけど今年は勝った」などと単年で東大合格者数を比べて学校に優劣を付けようとしても意味がない。学校別の東大合格者数を見るときは、少なくとも過去2年の合格者数の平均を見てほしい。そうすれば「隔年現象」の影響を打ち消すことができるのだ。

それなのに実際は、東大合格者数が少しでも増えると、翌年のその学校の入試倍率が跳ね上がる。過剰反応である。賢いデータの見方とはいえない。

その結果生じるのが「7年後現象」である。中高一貫校で、ある年に東大合格者数が急激に増えると、その7年後の東大合格者数も増えるという法則だ。東大志向の強い優秀な生徒が東大合格者数に吸い寄せられて集まって、彼らが高校を卒業するときに高い大学進学実績を残すからだ。

ちなみに、2016年から始まった東大の推薦入試の合格者数に関して、週刊誌やテレビなど一部のメディアでは「全国トップ」という表現が使われることがあるが、たちの悪いミスリードである。

そのように紹介される学校は必ず共学校だ。なぜなら、東大の推薦入試は各高校から男女1人ずつしか推薦枠がない。つまり、共学校なら最大2人推薦される。推薦された2人の生徒の両方が合格すれば、間違いなく全国トップとなる。男子校・女子校なら1人しか推薦されない。いくら優秀な生徒がたくさんいても、男子校・女子校は全国トップになれない。それだけのことだ。

京大・国公立大医学部も合わせて見る

それにしてもなぜ私たちは東大合格者数をそれほどまでに気にするのか。理由は歴史のなかにある。

原初の東大ができたのが、一八七七年（明治一〇年）。以来長らく唯一の大学であり、日本の学校制度は明確に東大をピラミッドの頂点として構築された。日本各地から優秀な人物を東大に吸い上げるように全国の学校がネットワーク化され、「優秀な子は東大に行く」というしくみが日本中に広まったのだ。そのときに国民に刷り込まれた意識が、いまでも私たちのなかに残っているのである。

しかし現在の東大は、東京にある国立総合大学の1つにすぎない。合格者は当然東京の高校に偏《かたよ》る。しかも昨今は、景気の停滞や度重なる天災の影響によって、地方の高校生の地元志向や現役志向が強まっている。さらに医学部人気も顕著である。東大のブランドよりも医師免許のほうが実利的だという判断だ。

実際、いまや京大や、国公立大医学部の入試難易度は、東大とまったく同等レベルである。つまり、東大合格者数だけを特別扱いするのはもはや時代に合わない。最難関大学という意味では、東大・京大・国公立大医学部の合計合格者数を見るべきだ。そうすれば東京偏重のデータも補正される。

さらに東大の隔年現象のような特殊要因の影響を排除するために、少なくとも数年分の平均で比較したほうが、進学校としての実績を見るデータとしては信憑《しんぴょう》性が高まる。

1学年の人数が違うのをそのまま比べるのでは比較にならないという批判もあるだ

ろう。たしかに1学年160人しかいない筑駒が開成の東大合格者数186人を抜くということはあり得ない。

かといって、小規模校である筑駒や灘が1学年の定員を倍増させた場合、従来通りの学力の生徒を集め、しかもいままで通りの教育の質を保てるかといえばわからない。おそらく無理だ。逆に、開成が定員を半分の200人に絞っても、学力上位層が残るだけなので、東大合格者数はおそらく半減まではならない。東大合格率は飛躍するはずだ。合格者数を卒業生数で割って「合格率」を比べれば公平になるという単純な話でもないのだ。

それよりも考慮すべきは公立高校における学区の人口規模である。たとえば東京都では、人口1000万人規模の都内全体が一学区になっている。そのなかの上澄みが日比谷や西や国立《くにたち》といったトップ校に進学する。一方福井県では、同じく全県一学区でも人口は70万人足らず。福岡県など小学区制の公立高校では、さらに小さな人口規模の地域からしか生徒を受け入れることができない。県内学力トップ層を300人入学させるとしても、1000万分の300の精鋭と、70万分の300の精鋭では前提

				2015〜2019年の平均値				
順位	高校		所在地	東大・京大・国公立大医学部医学科（除く東大・京大）	東大	京大	国公立大医学部医学科	国公立大医学部医学科（除く東大・京大）
26		天王寺	大阪	75.6	3.4	52.6	20.2	19.6
27		札幌南	北海道	75.0	13.4	11.2	50.8	50.4
28		日比谷	東京	72.8	46.0	6.4	20.6	20.4
29		岡崎	愛知	72.4	24.0	22.2	26.8	26.2
30		堀川	京都	72.0	7.6	51.0	14.6	13.4
31	◎	白陵	兵庫	70.8	16.4	19.0	37.6	35.4
	◎	広島学院	広島	70.8	17.8	14.0	40.4	39.0
33		岐阜	岐阜	68.6	16.2	20.8	32.4	31.6
34	◎	豊島岡女子学園	東京	67.4	28.4	4.8	34.6	34.2
35		浦和・県立	埼玉	66.2	28.8	14.0	23.8	23.4
36	◎	四天王寺	大阪	65.6	1.2	17.0	49.6	47.4
37	◎	智辯学園和歌山	和歌山	63.8	8.6	14.4	43.2	40.8
38	◎	清風南海	大阪	63.6	4.6	29.8	30.0	29.2
39		浜松北	静岡	63.4	13.8	21.8	28.6	27.8
40		仙台第二	宮城	60.4	12.8	9.0	38.8	38.6
41	◎	滝	愛知	59.4	7.2	13.0	39.6	39.2
42	◎	浅野	神奈川	58.8	36.6	5.8	17.0	16.4
43		修猷館	福岡	58.0	14.6	16.0	27.6	27.4
44	◎	大阪桐蔭	大阪	57.4	1.2	37.0	19.6	19.2
45	※	筑波大附	東京	56.6	31.6	5.8	20.4	19.2
46	◎	昭和薬科大附	沖縄	55.4	4.2	2.8	48.8	48.4
47		千葉・県立	千葉	54.6	22.8	9.4	22.6	22.4
48	◎	女子学院	東京	53.8	32.0	8.8	13.8	13.0
49		金沢泉丘	石川	53.4	14.0	21.8	17.6	17.6
	※	広島大附福山	広島	53.4	10.4	15.0	29.2	28.0

含んでいない　協力／大学通信

[図11] 東大・京大・国公立大医学部平均合格者数ランキング

順位		高校	所在地	東大・京大・国公立大医学部医学科（除く東大・京大）	東大	京大	国公立大医学部医学科	国公立大医学部医学科（除く東大・京大）
				2015〜2019年の平均値				
1	◎	開成	東京	238.2	175.4	10.0	64.2	52.8
2	◎	東海	愛知	177.2	31.0	37.8	114.6	108.4
3	◎	灘	兵庫	177.0	89.6	42.4	86.0	45.0
4	◎	洛南	京都	152.0	17.8	67.4	81.2	66.8
5	◎	東大寺学園	奈良	139.0	28.0	65.2	55.4	45.8
6	◎	甲陽学院	兵庫	132.0	31.4	52.8	54.2	47.8
7	◎	麻布	東京	130.6	91.8	14.4	28.0	24.4
8	◎	西大和学園	奈良	127.6	33.6	52.2	43.8	41.8
9	※	筑波大附駒場	東京	127.0	108.8	2.2	27.8	16.0
10	◎	ラ・サール	鹿児島	120.0	37.0	7.6	78.8	75.4
11	◎	渋谷教育学園幕張	千葉	108.6	66.0	10.2	35.2	32.4
12	◎	桜蔭	東京	108.0	68.2	2.8	44.6	37.0
13	◎	久留米大附設	福岡	106.0	34.8	9.6	63.2	61.6
14	◎	聖光学院	神奈川	105.0	75.8	6.6	25.8	22.6
15	◎	大阪星光学院	大阪	102.0	15.4	47.0	43.4	39.6
16		旭丘	愛知	99.4	25.8	37.0	37.2	36.6
17	◎	洛星	京都	98.2	10.4	50.2	41.0	37.6
18		北野	大阪	98.0	6.0	68.6	24.4	23.4
19	◎	駒場東邦	東京	94.2	59.6	8.4	28.6	26.2
20	◎	海城	東京	89.8	45.8	8.8	37.0	35.2
21	※	東京学芸大附	東京	88.2	50.2	9.8	28.2	28.2
22	◎	栄光学園	神奈川	85.0	59.0	6.0	22.6	20.0
23		膳所	滋賀	82.8	3.6	54.8	25.0	24.4
24		熊本	熊本	78.2	14.4	15.8	48.2	48.0
25	◎	愛光	愛媛	77.4	16.2	7.4	55.4	53.8

※印は国立、◎印は私立、無印は公立　国公立大医学部医学科に防衛医科大は

からして違う。「県下トップ校」という立ち位置は同じでも、人口規模が違えば進学実績にも差が出て当然なのだ。

私立・国立学校には基本的に学区がない。他県からの通学も可能だ。大学合格者数を比較するときには、その前提の違いを頭の片隅に入れておく必要がある。

「早稲田170名合格!」でも進学者は20名!?

いくら早稲田や慶應がいい大学だといわれていても、早稲田大学合格者数ランキングや慶應義塾大学合格者数ランキングのようなものが東大合格者数ランキングと同じような注目を集めることはない。なぜか。

私大の場合、複数の学部・学科を併願することができて、1人で3つも4つも合格を手にすることができてしまうからだ。優秀な生徒がいくつもの学部・学科を併願すれば、意図的ではないにせよ、合格数をいくらでも水増しできてしまう。だから合格者数はあてにならない。

実際、早稲田に約170名合格しながら、実際の進学者は20名程度しかいないなどということがある。

進学者数で比べればダブりはなくなる。しかし今度は、東大に多数進学するような超進学校ほど、私大への進学者が少ないという矛盾にぶつかる。東大を第一志望にするような優秀な生徒は、現役で早稲田や慶應に合格しても進学しないことも多い。だからランキングしたところであまり意味がない。

私大については、合格者数にしても進学者数にしても、１つの学校の進学実績を経年で比較する場合には参考にはなるかもしれないが、複数の高校を比較するための数字にはなり得ない。

一方、国公立大の場合、入試日程が限られているために基本的に合格者数のダブルカウントがない。第一志望にされていることが多いので、合格者数≒進学者数となる。私大合格者数に比べ、国公立大の合格者数のほうが、比較に使用しやすいのだ。

偏差値という数値の性質を無視したランキング

ランキング企画は雑誌でもｗｅｂでも人気になりやすい。大学合格者数をさまざまな形で加工して独自のランキングを編み出す媒体もある。

そのひとつが、ダイヤモンド社が発行するムックシリーズ「ダイヤモンドセレクト」の「中高一貫校&高校大学合格力ランキング」別冊だ。

もともとは「週刊ダイヤモンド」の企画として始まったが、数年で企画が終わった。しかしその後、週刊誌とは別部隊が学校からの広告収入を得るビジネスモデルに改編し、ムックとして毎年発行している。


(合格した国公立大学の偏差値×合格者数)の合計÷卒業生数=大学合格力
※合格力に計上されるのは国公立大の中でも偏差値上位100の大学のみ

という独自のロジックで各高校の「大学合格力」を算出し、ランキングしているのが特長だ。偏差値の高い大学への合格者数が多い高校が上位に来るように意図されているはずのランキングだ。しかし、このランキングには根本的な欠陥がある。

前述の通り「偏差値」とは、平均値を基準にして、プラスマイナスいずれかの方向にどれだけ離れた位置に自分がいるかを表す概念上の数値だ。くり返すが、偏差値60は偏差値40の1・5倍の価値があるわけではない。しかしダイヤモンドの「大学合格力」算出ロジックでは、あたかも偏差値60が偏差値40の1・5倍の価値があるかのような計算式になってしまっているのだ。

私たちが見慣れた偏差値は、標準偏差を10になるように換算したうえで、100点満点のテストの得点に似た数字に見せるためすべてのサンプルに50の下駄を履かせ、平均点が偏差値50になるように調整した数字である。これはあくまでも日本の受験業界式の表し方。

平均点を「偏差値50」とするのか「偏差値0」とするのか「偏差値100」とするのかは、便宜上勝手に決めること。日本式の偏差値も、下駄を外せば、「偏差値60」は「偏差値+10」、「偏差値50」は「偏差値0」、「偏差値40」は「偏差値-10」になる。

仮に、下駄を履かせる前の偏差値で計算をし直したら、まったく同じロジックを用いても、ダイヤモンドのランキングはがらりと順位を変える。試算してみよう。

■**条件設定**

学校A：卒業生数１００人中20人が偏差値75の大学に合格した

学校B：卒業生数１００人中30人が偏差値51の大学に合格した

〈日本式（平均50・標準偏差10）の偏差値を使用して算出した場合〉

学校Aの合格力：75×20÷100＝15

学校Bの合格力：51×30÷100＝15.3

よって、学校Aの合格力は15、学校Bは15・3でBのランクが上にくる。

〈「下駄を履かせる前の偏差値」を使用して算出した場合〉

日本式で偏差値75だった大学の偏差値は25になる。

日本式で偏差値51だった大学の偏差値は１になる。

これをもとに計算をし直すと、

学校Aの合格力：25×20÷100＝5

学校Ｂの合格力：1×30÷100＝0.3
よって、学校Ａの合格力は５、学校Ｂは０・３で学校Ａのランクが上にくる。

この計算式では、同じ意味をもつはずの偏差値の「表示方法」を変えるだけで、ランキングが入れ替わってしまうのだ。論理的に矛盾をはらんだ計算式であることがわかる。実際のランキングを同様に計算し直したら順位は大きく変動するはずだ。

細かいことをいえば突っ込みどころはほかにもあるが、雑誌の企画なのだからある程度の割り切りはしょうがないと私も思う。しかしさすがにこの計算式はランキング用のデータとしては不適当ではないか。

ダイヤモンドの計算式を文章で説明すると次のように表現できる。

「大学合格力」とは、卒業生たちが合格した国公立大学の偏差値の総和を卒業生数で割ったもの。

一見すると「卒業生の平均偏差値」をはじき出しているようだ。しかし、合格者総数ではなく卒業生数を分母にしているため、国公立大学に合格しなかったあるいは受けもしなかった卒業生が「偏差値0」で計上されることになり、その学校の「大学合格力」を著《いちじる》しく下げてしまうことを見落としてはいけない。

18歳人口はだいたい120万人くらい。大学に進学するのはその約半分。しかし「偏差値0」は理論上数百万人に1人しか出現しない。そんなツチノコみたいなサンプルがたくさんいるという統計的にあり得ない状況を前提とした計算なのだ。

よって、このランキングロジックでは、どこの大学に合格するかよりも、国公立大に合格しなかった卒業生を減らすことが重要となる。高望みをして不合格になるよりは偏差値の低い国公立大に確実に合格する作戦をとるほうがランキングが上がる。

大学進学率が100%で、まったく同じ偏差値の国立大学と私立大学に半数ずつ進学する高校Aと、全員がその国立大学に進む高校Bがあったとしたら、ダイヤモンドの計算式に従えば、Aの「合格力」はBの「合格力」の50%の数値になる。国公立大進学率が50%だからだ。「合格力」というよりも「国公立志向がどれだけ強いか」によってランキングが大きく変わるのである。

「腐っても国公立。私大進学はあり得ない」という価値観の高校が圧倒的に有利で、

「そこそこの難関国公立大には確実に入れる学力があっても、東大がダメなら早慶」というような価値観の生徒が多ければ多いほどランキングは劇的に下がる。

西高東低になるのは当たり前

初回のランキングが掲載された２０１０年11月20日号の「週刊ダイヤモンド」には、「国公立大学１００校の合格力では関西私立や地方公立が優位」「『よい大学に行きたいなら首都圏の私立校が有利』というのが通説だが、有力国公立大学１００校の分析では意外な結果になった」と書かれているが、意外でもなんでもない。国公立大学が多い西日本や私大の少ない地方の学校が上位に来るのは、「この計算式」では当然なのだ。

仮に偏差値に履かせる「下駄」をさらに大きくして平均点＝１００・標準偏差＝10で計算し直せば、それはすなわち国公立大学に合格しなかった卒業生の「合格力」をさらに低く計上することになり、さらに国公立志向の強い学校が上位に来やすい性質のランキングになるだろう。

「合格力」というのだから、合格した実績のみを評価する方針はわかる。惜しくも不合格になった者の学力まで評価する必要はない。あるいは国公立大を受けなかった生徒たちの実力を加味する必要もない。しかし彼ら（国公立大に不合格になった卒業生、国公立大を受けなかった卒業生、偏差値上位100位にもれた国公立大を合格した卒業生）の存在を不当に低く評価すれば、ランキングの妥当性は損《そこ》なわれる。

合格した大学の偏差値の総和を卒業生数で割る段階で、結局どんな価値基準で学校に順位を付けたランキングなのか合理的な説明ができなくなってしまうのだ。それなのに、このランキングを気にする学校関係者は意外に多い。ちょっとイタい。読者も惑《まど》わされないでほしい。

データはいじりすぎると現実との乖離《かいり》を始める。見る側のデータリテラシーが問われる。

第6章

中学受験勉強の新しいカタチ

高校が各種検定試験対策の場に!?

202X年、「大学入学共通テスト」に導入されたAI採点方式の記述式問題で高得点をとるために、高校や大学受験塾の教員たちはAIの採点基準を分析し、AI好みの文章を書くための指導法を確立した。記述式問題対策をする高校生たちは、自分の言葉を脇に置き、AIが高得点をくれそうな条件を満たす文章を書く術《すべ》を覚える。自ずと似たような解答ばかりになる。

英語に関しては民間の検定試験に完全移行した。試験を請け負う業者たちは、自社の検定なら他社よりも楽に「CEFR《セファール》」(国際的な言語運用能力指標)の「A2」に対応する成績をとれることをアピールする。各社が自前で発行する本番そっくりの対策問題集は、まるで検定攻略本。それがいまや学校の教科書よりも重要な高校生たちの〝学び〟のバイブルだ。

高校の保護者会では、英語の授業でどの検定試験の対策を中心に行うのが有利になるかという損得勘定で意見が分かれ、英語教員は板挟みになる。一方で、富裕層の子どもたちの間では、塾・予備校・英語教室などが開催する検定試験対策の集中講座が人気だ。テスト直前期に集中的に対策すれば、合格可能性は飛躍的に伸ばせる。

２０２４年度からは「高校生のための学びの基礎診断」も本格的に運用されている。要するに民間検定試験によって基礎学力の到達度を測るのだ。それが正式な成績として、大学受験の際の評定にも大きな影響を与える。

高校生たちは英語の検定試験だけでなく、数学や国語の検定試験の対策にも追われる。ある学校では毎日「英検」「数検」「文章検」の対策問題集を一定ページ数ずつこなし提出するように宿題が出る。毎週そのための小テストも行う。小テストは生徒ごとにカスタマイズされている。個別の生徒の過去の成績がすべてデータベースで管理され、ＡＩが各生徒に最適化された小テストをそのつど作成し出力してくれるのだ。

検定試験の出題パターンは決まっているので、対策はとりやすい。特にＡＩ式の個別学習支援サービスとの親和性は高い。わざわざ教員が工夫を凝《こ》らした授業をしなくても、オンラインの映像授業を見せればこと足りる。

教員が楽になる分、いわゆる「アクティブ・ラーニング」など、新しい授業形式を実践して「思考力・判断力・表現力等の能力」を育成するようにと文部科学省や教育委員会は言うが、保護者からはもっと検定対策の時間を増やしてほしいという意見が強まる。

各学校は各検定での合格率をホームページで発表する。特に中堅校以下ではこれが学校選びの重要な指標とされ、合格率が低い学校は入学者が減る。

高大個別接続が進んでいる

……というのが、かなりいじわるに想像した、大学入試改革後の高校教育の姿である。いじわるなシナリオではあるが、大学入試改革がこのまま進むのなら、現在の小学生たちが高校生になるころには十分にあり得る未来だ。

高校以下の教育が大学入試と密接に結びついてしまい、それに規定されてしまっている現状を変えようと言っていたはずなのに、大学入試を変えることによって高校以下の教育を変えようとする発想自体が大学入試と高校以下の教育をさらに強固に結びつけてしまい、必然的に矛盾を招いているのだ。

これから中学受験をするということは、この状況をどの学校ですごすのかを選択することを意味する。

　たとえば大学付属校ではこのどう転ぶかわからない変化とほぼ無縁でいられる。大学入試改革がここまで迷走しているなか、第3章で述べたとおり、大学付属校という選択には一定の合理性があることは否定のしようがない。

　そもそも政府が掲げる高大接続の理想型は、すでに大学付属校各校が実現しているのだから、極端な話、理想の高大接続を実現したいのなら、さっさとすべての高校を実質的に大学付属校化してしまえばいい。

　実際、私立大学は、直系の付属校や系属校のほかに、「提携校」「関係校」などという形で別法人の私立中高一貫校とも手を結び、内部進学枠を与えるケースが増えている。青山学院大が浦和ルーテルや横浜英和と提携したようなケースだ。東京都の女子校・香蘭《こうらん》は、立教大と関係校の関係にあり、数年おきに内部推薦枠が増えている。麹《こうじ》町《まち》学園女子は一般的な指定校推薦枠とは別に、共立女子大、東京女子大、東洋大、女子栄養大、成蹊大と学部単位で提携しており、独自の進学枠を得ている。これらのスキームを、全国約800の大学と約5000の高校の間にゆるやかに拡大していけばいいのではないか。

大学と高校が1対1の排他的関係になってしまうと高校受験が激化してしまう怖れがあるので、学校の沿革や地域性を加味しつつ、幅広い選択ができるように、相互に複数の相手と手を取り合うようにしたほうがいい。

私立大学と私立中高一貫校だけではなく、地方の国公立大学は、積極的に地元の高校と手を結ぶべきだろう。実際そのような動きも各所で起きている。

たとえば藩校以来の伝統を誇る山形県の米沢興譲館《よねざわこうじょうかん》高校は、2007年から地元山形大学工学部との協定を結んでいる。米沢興譲館の生徒たちは放課後、大学の一部授業を受けることができ、もし山形大学に進学すればそれが卒業単位にも認められるようになっている。2019年2月には山形大学そのものとの提携を締結。さらに連携を強めていくことになった。

地方ならではの地域性を活かした提携である。

ポイントは、国が主導するのではなく、個々の大学と高校がそれぞれに手を差し伸べ合う形で進めることだ。そのほうが、おそらく早く目的通りに改革が進む。

時代錯誤の大学受験観

一方で、いまだにＡＯ入試や推薦入試に対してネガティブな印象をもつ高校教員が多いという話を、特に地方でよく聞く。楽な道を選ばずに、大学受験を通して自己研鑽をしろという意味だとは思うが、それこそ時代錯誤な思い込みである。

言わずもがな、推薦入試の資格を得るために毎回の定期テストでいい成績をとり続けることや、ＡＯ入試のために自分と向き合うことは、決して楽なことではない。

さらに、「嫌なこと、苦しいことを我慢してやり通すことに意味がある」という価値観の一般化を防ぐことこそ、長時間労働が常態化し、ブラック企業という呼び名まで登場し、生産性が著しく低くなっている現状を打破するために、教育のなすべき大きな役割といってもいいだろう。

念のために断っておくが、「嫌なこと、苦しいことを我慢してやり通すことに意味がある」と思うことが悪いのではない。人生においてはそういう局面も必ずある。しかしそれはそのひとにとって重要な局面でこそ意味を発揮する価値観であり、大学受験という機会に高校生を縛り付ける口実として一律に利用されるべきではないと私は思う。

大学入試改革の本来の目的は、センター試験を廃止することでも、民間検定業者に特需を与えることでもなく、欧米の大学進学システムと同じように、ＡＯ入試や推薦入試に似た形で大学に進学できるルートを増やすことなのだ。

ただし一部の「ＡＯ入試」は学力不問で大学にとっての「お客さん」を青田買いするための手段に成り下がってしまっており、ネガティブなイメージも付いてしまっているため、２０２０年度から「総合型選抜」と呼び方を変えることになっているというのが時代の流れなのである。

大学入試改革など恐るるに足らず

ではこれから中学受験をする子どもたちはみんな、大学付属校を選ぶべきなのだろうか。

いや、そこまで思い詰める必要はない。ここでは現在の大学入試改革の進め方の矛盾を浮き彫りにするための対比として、大学付属校という選択のメリットを挙げたまでだ。

２０２０年度はもちろん、２０２４年度になっても、大学入試改革による混乱が続くことはほぼ間違いないが、大学入試の実態自体はそれほど変化しない。特に学力上位層はまったく影響を受けないといってもいい。

東大合格者ランキングや最難関国公立大合格者ランキングにも大きな変化はないだろう。もしあるとすれば、大学入試改革に振り回されすぎた高校がランクを落とすくらいである。

国公立大学を受けるような受験生にとっては、記述式問題は当たり前だし、東大が出願資格として求める「ＣＥＦＲ」の「Ａ２」レベルの英語力を身につけることだってさほど難しくない。

「大学入学共通テスト」のサンプル問題を、12歳の中学受験生たちがいとも簡単に正解してしまったことは第３章で紹介したとおり。

ＡＩによる東大合格を目指す「東ロボくん」プロジェクトの指揮を執った新井紀子《あらいのりこ》氏は著書『ＡＩ vs. 教科書が読めない子どもたち』（東洋経済新報社）のなかで、中学受験で「御三家」と呼ばれるような学校について、「12歳の段階で公立進学校の高校3年生程度の読解能力値がある生徒を入試でふるいにかけています。（中略）東大に入れる読解力が12歳の段階で身についているから東大に入れる可能性が他の生徒より圧倒的に高いのです」と述べている。

12歳の時点で最難関校に合格できるほど力は身に付いていなくても、それに準ずるような訓練をやりきった子どもたちなら、中高6年間もあれば十分にそのレベルに達するポテンシャルをもっていると考えられる。最難関大学に合格できるかどうかはまた別の話だが、少なくとも「大学入学共通テスト」の記述式問題ごときを恐れる必要はまったくない。

さらにいえば、就職活動のために受検することが多いSPIという適性検査の「非言語分野」のある領域の問題は、中学受験の算数のいわゆる一行問題にそっくりなのを知っているだろうか。中学受験で難関校に受かるような子どもなら12歳の時点で高得点がとれるだろうと、某私立中高一貫校の数学教師は言っていた。

また、ノーベル経済学賞を受賞したジェームズ・ヘックマン博士は、幼児教育の社会的投資効果を訴えていることで有名だが、実は別の研究調査も行っている。小学生にある経験をさせることで、それがその後の人生において大きなスキル向上につながることがわかったというのだ。

「子供に課題を与えて、毎日来させて、計画・実行させ、最後に仲間と一緒に復習をさせる実験をしました。1日2、3時間、小学生に対して2年間毎日実施しました」（日経ビジネスオンライン2019年8月9日の記事より）。やっていることは中学受験勉強とそっくりではないだろうか。

だから、励ます意味を込めて言いたい。どんな学校に進むことになろうとも、いま、中学受験勉強をしていることは、何よりもの大学入試改革対策であり、それどころか、社会人基礎力にもなるのだと。

［資料16］　**SPI 非言語分野のサンプル問題**

定価980円の商品Pを35%引きで売ると、商品1個につき50円の利益が得られる。商品Pの仕入れ値はいくらか（必要なときは、最後に小数点以下第1位を四捨五入すること）。

A	293円	F	605円
B	326円	G	637円
C	343円	H	670円
D	361円	I	687円
E	587円	J	AからIのいずれでもない

提供：リクルートマネジメントソリューションズ

教育虐待に直結するわけではない

しかし中学受験勉強は諸刃《もろは》の剣《つるぎ》でもある。やり方を間違えると、子どもが傷ついたり、親子関係が壊れたりする。それを昨今は「教育虐待」と呼んだりもする。

2016年に名古屋で中学受験生が教育熱心すぎる父親に刺殺される事件があったため、中学受験をさせること自体が教育虐待であるかのような印象をもたれることがあるが、そうではない。

実例は拙著『ルポ教育虐待』(ディスカヴァー・トゥエンティワン)に詳しいが、中学受験をしない家庭でも教育虐待は行われる。高校受験でも大学受験でも教育虐待はある。中学受験勉強において教育虐待が行われていたとしたら、仮にその子が望み通りの中高一貫校に進学したとしても教育虐待が続くケースが多い。

いずれのケースにおいても親本人は自分のしていることが教育虐待だなんて思ってもいない。「あなたのため」「いい教育を与えるため」「将来の選択肢を増やすため」という大義名分のもと、極限まで勉強を強いるのだ。

「あなたのため」というのは「あなたはわかっていない」というメッセージだし、

「いい教育を与える」は学校が子どもを思い通りに染めてくれるかのような錯覚に基づいているし、「〝いい学校〟に入れば将来の選択肢が増える」というのはむしろ将来を縛る呪文である。

選択肢を増やすために〝いい学校〟に入ったとすると、実際にはそこで得られた新しい選択肢のなかからしか選択できなくなる。そうでなければその学校に入るために努力した意味がなくなってしまうと感じられるからだ。

本当に人生の選択肢を増やしたいのなら、世間の常識や既存の価値観の鎖から自らを解きほどき、人生のそれぞれの局面で自分の価値観に従って選択する知恵と度胸を身につけることだ。

そのためには、どんな学校を出ていようが、どんな会社に勤めていようが、どんな社会的立場に就いていようが、すべてのひとの人生がかけがえのないものであることを、実感をもって学ぶのがいちばんだと私は思う。それこそ学校のなかだけでは学べない。それが本当のキャリア教育ではないだろうか。

「最低でも○○大学以上に行かないとろくな人生をおくれない」などと言うひとの人

生は、すでに窮屈である。そして、窮屈な人生をおくっている親はそもそも、教育虐待の闇に陥《おちい》りやすい。

中学受験は教育虐待のきっかけにはなるが、原因ではないのだ。

親同士のチキンレース

一方で、現在の中学受験が教育虐待のきっかけになりやすいのには、次のような構造がある。

私立中学は、できるだけ塾では対策できないような問題を毎年考案して出すが、中学受験専門塾はすぐにそれをパターン化して解く方法を編み出してしまう。いたちごっこである。その結果、合格から逆算された必勝のカリキュラムがすでにできあがっており、質と量に多少の違いはあれど、どこの塾に行ってもやるべきことはほとんど同じだ。

そこでAという塾が100やらせていれば、そこに勝つためにBという塾が101やらせるようになる。するとCという塾は102やらせ、Aという塾も103やらせるようになる。その過当競争のサイクルのなかで、子どもへの負担が増しているのである。

大量にこなした者が勝つ。大量の課題をこなす処理スピードと忍耐力、そして与えられた課題に疑問を抱かない能力をもつ子どもが有利である。まるで大食い選手権。

子どもだけに任せていると限界があるので、熱心な親はあの手この手で少しでも多くの課題をこなせるように力を貸す。「中学受験は親の受験」「中学受験の合否を決めるのは親の腕次第」とまでいわれ、もはや親同士のチキンレースの様相を呈《てい》している。でも、傷つくのは子どもだ。

チキンレースに乗らないことこそ、これからの中学受験生の親の勇気だ。そのための心構えを書いた本が拙著『中学受験「必笑法」』（中央公論新社）である。

中学受験で最も多い悲劇とは？

教育虐待にまで発展しなくても、なかなか思うような成績がとれない子どもが自信をなくしてしまうということも、中学受験ではよく起こる。

入試が競争である限り、そのための勉強の成果に順位が付けられてしまうのは避けられない。順位を付ければ、1位から最下位までが決まる。偏差値50以下は平均点以下ということになる。

偏差値がふるわず、親もそのことを気にしすぎてしまうと、純粋な子どもほど「自分は勉強が苦手なんだ」とマイナスの自己暗示をかけてしまうことがある。学びへの意欲が消え、中学受験勉強がただの苦行になってしまう。

12歳の子どもたちの努力が偏差値によって序列化され、輪切りにされていく。偏差値一覧の上のほうにあるような、誰もが羨《うらや》む学校に入れればいいが、そうではない学校に進学することになった子どもたちは、まるで「余りもの」をあてがわれたかのような気持ちになる。

それでも多くの場合、その学校で良い仲間や良い先生と出会い、「この学校に来られて良かった」と思うのだが、なかにはずっと「自分は中学受験の偏差値が低かったからこの学校にいるのだ」というネガティブな気持ちを引きずってしまう子もいる。

せっかく一生懸命勉強したのにそれでは悲しい。しかしこれは長いこと中学受験についてまわる構造的な悲劇であった。

その構造的な問題に風穴を開けたのが、第4章で詳述した中学入試の多様化であり、「新型入試」の登場なのである。

四教科・二教科での偏差値に自信がある子どもは、いままで通りのルールで勝負すればいい。しかし偏差値的な観点では評価されにくい子どもは、自分のモノサシに合った中学入試を見つけて、そこに堂々と進めばいい。

これからは二段構えの中学受験対策

そうなってくると、将来的には中学受験勉強のスタンスも多様化するはずだ。

どんなレベルの学校を受けるのであっても、四教科の基本問題レベルのことは勉強しておかなければいけない。しかしそこから先は、志望校によって勉強の仕方を変えればいい。

中学受験勉強をしてみて、難関校を狙えるくらいの手応《てごた》えを感じるのなら、そのまま四教科受験の道を行けばいい。あえて「新型入試」を意識する必要はない。

しかし子どもの性格、特性、発達段階によって、「大量の課題をとにかくこなした者が勝つようなルールだとちょっと分《ぶ》が悪いかも」と感じたら、無理に学力上位層と同じ勉強をさせる必要はない。

学力上位層が「応用問題」を解き、さらに難関校の難題を解くための訓練に充《あ》てている時間を、別のことに使ってしまえばいい。実際、公立中高一貫校対策を専門に行う塾では、教科ごとの基礎固めをしたうえで、そこから先は作文の練習や資料読解の練習などをする時間に充てているし、関西の中学受験塾では、通常のカリキュラムのほかに、灘など最難関を受験する子どもたちのためのプラスアルファのカリキュラム(関東の中学受験最上位層よりもさらにやらなければいけないハードなもの)がある。

つまり、「全中学受験生に共通の教科ごとの基礎固め+その子の得意分野を活かす取り組み」という二段構えの中学受験対策を行う塾はすでに存在しているのだ。

「その子の得意分野を活かす取り組み」というのが、ひとによっては最難関校で出題されるような難問に挑戦することであり、ひとによっては得意教科をさらに伸ばしたり、作文による表現力を磨いたり、資料調べや観察・実験などを伴う探究的な学習に取り組んでみたり、英語を学ぶことだったりすればいい。得意な習い事があれば、その時間に充てるのもいいだろう。

1つの塾でこれらすべてに対応するのは難しいと思うが、「四教科の基礎レベルまでの学習をする中学受験塾」というのがあってもいい。そこで最低限の時間をすごし、ダブルスクールで算数専門塾に通ったり、作文教室に通ったり、理科実験教室に通ったり、習い事を続けたりという組み合わせなら考えられる（いずれにしてもお金がかかることがネックではあり、そこには格差の再生産という社会的な課題があるのだが）。

損切りのすすめ

そうすれば、中学受験のイメージもだいぶ変わるのではないだろうか。

いままでは、従来の中学受験勉強で本領を発揮しにくいタイプの子どもたちも一律に、学力最上位層がやっているのと同じ学習を同じペースでやらなければいけなかった。そこが非合理的だと私は思う。

私は中学受験勉強の指導者ではないし、そのような知識はまったく持ち合わせていないが、中学受験塾の講師が、「はっきりいって、最初から中堅校を狙うと決めているのなら、ここまでやる必要はありません。難しい問題に挑戦させられて自信を失うくらいなら、基本問題だけをしっかりやって、あとは遊んでいたほうがいい。中堅校の多くは、実は公文式をやっているだけでも受かってしまうケースも多いと思いますよ」という主旨を口にしているのを何度も聞いた。

それなのになぜ中学受験生はあんなに勉強しなくてはいけないのか。親があきらめられないからだ。できるだけ、少しでも偏差値の高い学校に入ってほしい。その可能性を捨てたくない。その気持ちもわかる。しかし私の提案は、中学受験勉強におけるいわば「損切りのすすめ」である。代わりに得るものはきっともっと大きい。

もし「やっぱり難関校を目指したい」と思ったら、あとから戻ればいい。基本問題レベルの学力がしっかり身に付いているのなら、挽回のチャンスは十分にあるのではないかと私は思う。プロの中学受験指導者には「なめるな」と言われてしまうかもしれないが、賛同してくれる指導者もいるはずだ。

今後、子どもの性格、特性、発達段階に合わせたさまざまなスタイルでの中学受験が認められるようになるというのが、現時点での私の希望的観測だ。

「新型入試」の登場が中学受験勉強のスタイルの多様化をもたらし、中学受験勉強のスタイルの多様化が、新たな入試を生む。そうすれば、多くの中学受験生が偏差値の鎖から解き放たれ、自分の〝学び〟に誇りをもてるようになるのではないか。お互いの個性を尊重できるようになるのではないか。そして私立・国立・公立の中高一貫校は、さらに個性的な〝学び〟の空間になる……。「そうなってほしい」という淡い期待が、いま私のなかにある。

いわば「中学入試改革」だ。

大学入試改革は中学入試改革に学べ

『大学入試改革後の中学受験』という本書のタイトルに従えば、ここで筆を擱《お》いてもいいのだが、以下、蛇足《だそく》を述べることをお許しいただきたい。

時代の変化や教育観の変化を背景に「中学入試改革」が着々と前向きに進んでいるにもかかわらず、巨大な予算と時間をかけて取り組まれている「大学入試改革」がとんでもない迷走を始めてしまうのはなぜか。

3つの構造的な違いに着目したい。

まず大学入試改革はトップダウンのお仕着せによる改革であるのに対して中学入試改革は社会の変化に対する個々の学校の個々の教員の問題意識から始まった現場主導の改革であること。後者には、「生き残りをかけて」という切実さもある。

また、大学入試改革が1つの「正解」に向かって一気に全体の舵《かじ》を切ろうとする改革であるのに対し、中学入試改革は個別にできるところからできる範囲で改革が進んできた。つまり後者は足並みがバラバラだ。

最後に大学入試改革がモノサシの差し替えであるのに対し、中学入試改革は旧来のモノサシを温存しながら純粋に新しいモノサシを増やした点である。新しいモノサシのなかにはすぐに消えてしまうものもあるだろう。しかし、それでいい、それがいい。

以上3点をまとめると、大学入試改革が銀行ATMのシステムを一気に入れ替える作業のように進められているのに対して、中学入試改革は生物の進化のように進んでいるといえないだろうか。ここに大きなヒントがあると私は思う。

良かれと思って実行した施策がまったく思わぬ形でネガティブな効果をもたらすことはよくある。

記憶に新しいところではいわゆる「ゆとり教育」にともなう混乱であり、1979年の「共通一次試験」開始による大学の序列化であり、東京都においては1967年の「学校群制度」によって都立高校離れが生じたという事例もある。

1961年には、現在の「全国学習到達度調査（通称：学テ）」に相当する「全国中学校一斉学力調査」が実施されたが、結局地域間競争の道具とされてしまい、1966年には中止が決定された。

1927年と1939年には旧制中学の入試で学科試験が禁止されたが、むしろ入試のブラックボックス化が進み、結局元に戻った。

明治以来、実業との連携をという目的で、何度か実業学校が設置されたが、結局のところ企業が実業学校の卒業生を積極的に雇用しなかったため、いずれもすぐに廃《すた》れている……などなど。

教育とは、ひとを育てる営みであり、それ自体が生き物のようなものだ。生き物は急には変われない。一気にOS（オペレーティングシステム）を変えられるコンピュータやスマホとはそこが違う。しかし生物は、変化が多様で遅い代わりに恒常性が働きやすく、変化に伴うバグを自ら然《しか》るべき形で修復できる。

教育をシステムと捉えるか、生物と捉えるか。そこにいちばんのボタンの掛け違いが生じるのではないか。

大学入試改革も、中学入試改革に学べば、修正が可能かもしれないが、その前に、中学入試改革のうねりが、教育全体を変えてしまう可能性のほうが高いと私は思っている。まるで突然変異種が、みごとに環境の変化に適応し、繁栄するように。

「教育」の概念こそ改革せよ

以下、2016年1月に内外ニュースが発行する「世界と日本」という媒体に寄せた「新文部科学大臣への提言」というテーマの記事のほぼ全文を転載する。当時、下村博文氏から馳浩《はせひろし》氏へ文部科学大臣のバトンが渡ったばかりだった。その後、文部科学大臣は、松野博一《まつのひろかず》氏、林芳正《はやしよしまさ》氏、柴山昌彦氏、萩生田光一《はぎうだこういち》氏へと交代している。

＊＊＊＊＊

前任者の肝《きも》いりプロジェクト「2020年大学入試改革」がすでに腰折れの状態になって引き継がれ、同年2020年には問題山積みのオリンピックも控えている。これからの4年間はこの国の文部科学大臣にとって試練のときとなるだろう。新しいことに挑戦するというよりは、「尻ぬぐい」「帳尻合わせ」に奔走する日々になりそうであることが心配だ。

そんななか財務省からは、文部科学省の予算を減らせという圧力がかかっていると聞く。報道によれば、新大臣はそれに徹底抗戦する姿勢を見せたとのこと。頼もしい。

現状ただでさえ公立学校の教員の処遇がブラック企業化の一途をたどっているにもかかわらず、「少子化だから教員数を削減」という理屈が飛び出したり、日本の大学進学率はOECD平均よりも10％以上低いうえ、日本では高等教育における私費負担が多いことが国際的に指摘されているにもかかわらず、国立大学において「経済効果に直結しない文系学部を縮小する」など予算削減の方向性が示唆《しさ》されたりというナンセンスが行われている。

人間は理路整然と間違えることができる唯一の生き物である。思考において論理性は大切である。しかし論理は意識化できている情報のみを材料として展開される。意識化できていない課題、条件、背景は勘案されない。だから論理だけで物事を進めるといとも簡単に間違える。

いまこの国に「教育危機」というものが本当に存在するというのなら、それは子どもたちの学力の低下とか、教員の指導力の低下とか、そういう次元の話ではなく、社会として、「教育とは何か?」が共有されていないことであると私は思う。

あるひとは、経済界に貢献できる人間を育てることが教育の目的であると思っているかもしれない。またあるひとは、個々人の才能を最大限に引き出すことが教育だと思っているかもしれない。さらにあるひとは、国民一人一人の豊かな人生を応援するのが教育の目的であると思っているかもしれない。教育に求めるものがバラバラのまま議論をすれば、話がかみ合うはずもない。空回りは必須だ。

いきなりアゲインストの風の中でこの国の教育の舵取りをすることになった前途多難な新文部科学大臣に、あれもこれもと要求するつもりはない。個々の政策については、与えられた条件のなかできっと的確に判断してくれると信じている。そのうえで、私から提言したいのは1点のみ。

「教育とは何か?」という本質論を国家的レベルで展開、共有、意識化することである。答えは1つでなくていい。ひとそれぞれ違う教育観をもっていることを意識化することが肝要だと考える。

たとえば「生きる力」と「生きるためのスキル」は違う。しかし昨今の教育議論のなかで、それが意識化されていることは少ないように感じる。

昨今の教育議論においては、「これからの時代を生きるために必要なスキルをどうやって子どもに授けるか」に意識が向かいがちである。しかし教育とは、スマホにアプリをインストールするように、子どもにあれこれ詰め込むこととは違う。教育とは、子ども自身が正確に時代を予測し、生きていくために必要なものを自ら判断し、実際にそれを獲得できるように育てる営みである。すなわち「自分で自分を成長させる能力」の涵養《かんよう》こそが重要だ。英語、プログラミング能力、科学的リテラシー、プレゼンテーション能力などは、生きていくために必要になるスキルであってそれらが生きる力になるのではない。

また「教育」と「人材育成」は違う。しかし昨今の教育議論のなかでは、それらが混同されて使用されているように感じる。

結論から述べる。「教育」とは子どももありきの営み。「人材育成」とは目的ありきの営み。出発点が逆である。教育とはどんな木になるのかわからない種《たね》を育てるようなもの。結果、桜に育ったり、檜《ひのき》に育ったりする。桜はその花で見るひとを感動させるだろうし、檜は強い柱として建物を支えるだろう。一方人材育成は、「ここに丈夫な柱が欲しいなあ」「ここに大きなテーブルが欲しいなあ」という目的があって、それに合致する「材料」を用意することである。それをひとに対して行えば、それは教育ではなく操作である。

「教育」がなされたのちの「適材適所」は大いに結構。しかし最初から「人材育成」が「教育」に取って代わるようなことがあってはならない。

もちろん「生きるためのスキル」を明示することも大切だ。「人材育成」が必要になる局面もある。ただし、「生きる力」と「生きるためのスキル」を混同したまま教育議論を進めたり、「教育」と「人材育成」の区別が付かないまま教育改革が語られたりしたら、この国の教育は崩壊する。それこそがこの国にある最大の「教育危機」であると私は思う。

福澤諭吉《ふくざわゆきち》は「文明教育論」のなかで、次のようなことを述べている。「世界万物についての知識を完全に教えることなどできないが、未知なる状況に接しても狼狽することなく、道理を見極めて対処する能力を発育することならできる。学校はそれこそをすべきところであり、ものを教える場所ではない。だからそもそも『教育』という文字は妥当ではない。『発育』と称するべきである」。

英語のeducationに「教えて育てる」の意味の「教育」の訳語を当てたのは初代文部大臣・森有礼《もりありのり》であるといわれている。一日でも早く、日本が近代国家として欧米列強に追いつくため、国が主体となって国民に「教育を与える」という構造をつくり、国家の思い通りの「人材育成」を進める意味においては、これは明治政府のファインプレーであった。

しかしいま、「明治維新以来の教育大改革」を実行するつもりが本当にあるのなら、まず明治以来受け継がれてきた「教育」という概念の再定義が必要であろう。教える側が主体となるのではなく、学ぶ側が主体となる「教育」のあり方への転換が必要だ。

たとえば「教養（＝自分で考える力）を育てる」などいかがだろう。

おわりに

教育について書いたり話したりすることが多いが、私は教育学の研究者でもないし、教育の実践者でもない。どうやったら子どもの偏差値を上げられるかということはまったくわからないし、興味がない。

その代わりに、教育熱心な親御さんたちが気になることを細かく取材して調べると、専門分野がないからこそ広い分野にまたがって全体を見渡す「鳥の目」と、学校や企業という組織のなかで守られていない立場だからこそ潮目《しおめ》の変化を敏感にとらえられる「魚の目」を駆使して、いま教育に何が起きているのかを描き出し、そのなかで「これだけは押さえておいたほうがいい」というポイントを指し示すことが、私の役割だと思っている。

その意味において、これから中学受験の道を行く家庭の親御さんが荒野を見わたすための地図となり、同時にぶれない軸を見つけるためのコンパスとなることを願って本書を著した。

さらに細かい情報が必要であれば、大学付属校については『大学付属校という選択』（日本経済新聞出版社）、公立中高一貫校の適性検査対策については『公立中高一貫校に合格させる塾は何を教えているのか』（青春出版社）、進学校の歴史については『名門校とは何か？』（朝日新聞出版）、この国の受験エリートの実態については『ルポ塾歴社会』（幻冬舎）および『ルポ教育虐待』（ディスカヴァー・トゥエンティワン）をご覧いただきたい。

ただしすべてを読むのは大変だと思うので、まずこれらの著書の要素を1冊にまとめたダイジェスト版として『受験と進学の新常識』（新潮社）をお読みいただくことをおすすめする。中学受験を家族にとってのいい経験とする方法については『中学受験「必笑法」』（中央公論新社）が参考になるはずだ。

おかげさまで中学受験をテーマにした講演会に登壇することも多い。親御さんたちの熱心さには毎回圧倒される。ただし、私の話を聞いても直接的にお子さんの偏差値が上がるようなことはないのでその点はご了承いただきたい。その代わりに私が伝えたいことは、畢竟《ひっきょう》するにこの一点。

たかが中学受験で人生が決まるわけがない。

教育における選択では、「何を選択したか」よりも「なぜそれを選択するのかを説明できること」、そして「選択したあとにそれを良い選択にする努力を怠らないこと」が大事である。

２０１９年10月

おおたとしまさ

〈参考図書〉

『２０２０年からの新しい学力』（石川一郎著、ＳＢクリエイティブ）
『偏差値の秘密』（桑田昭三著、徳間書店）

切りとり線

★読者のみなさまにお願い

この本をお読みになって、どんな感想をお持ちでしょうか。祥伝社のホームページから書評をお送りいただけたら、ありがたく存じます。今後の企画の参考にさせていただきます。また、次ページの原稿用紙を切り取り、左記まで郵送していただいても結構です。

お寄せいただいた書評は、ご了解のうえ新聞・雑誌などを通じて紹介させていただくこともあります。採用の場合は、特製図書カードを差しあげます。

なお、ご記入いただいたお名前、ご住所、ご連絡先等は、書評紹介の事前了解、謝礼のお届け以外の目的で利用することはありません。また、それらの情報を6カ月を越えて保管することもありません。

〒101-8701（お手紙は郵便番号だけで届きます）
祥伝社　新書編集部
電話03（3265）2310
祥伝社ブックレビュー　www.shodensha.co.jp/bookreview

★本書の購入動機（新聞名か雑誌名、あるいは○をつけてください）

＿＿＿＿新聞の広告を見て	＿＿＿＿誌の広告を見て	＿＿＿＿新聞の書評を見て	＿＿＿＿誌の書評を見て	書店で見かけて	知人のすすめで

★100字書評……大学入試改革後の中学受験

名前

住所

年齢

職業

おおたとしまさ

教育ジャーナリスト。1973年、東京生まれ、麻布中学・高校卒業、東京外国語大学英米語学科中退、上智大学英語学科卒業。リクルートから独立後、数々の育児・教育誌の企画・編集に携わり、現在は主に書籍執筆や各種媒体への寄稿を行なう。メディア出演や講演活動も多数。中高教員免許をもち、私立小学校の教員や心理カウンセラーとしての経験もある。著書は『21世紀の「男の子」の親たちへ』『なぜ、東大生の3人に1人が公文式なのか?』(いずれも祥伝社)、『受験と進学の新常識』(新潮社)、『中学受験「必笑法」』(中央公論新社)など60冊以上。

大学入試改革後《だいがくにゅうしかいかくご》の中学受験《ちゅうがくじゅけん》

おおたとしまさ

2019年11月10日　初版第1刷発行

発行者……………辻 浩明

発行所……………祥伝社《しょうでんしゃ》

〒101-8701　東京都千代田区神田神保町3-3

電話　03(3265)2081(販売部)

電話　03(3265)2310(編集部)

電話　03(3265)3622(業務部)

ホームページ　www.shodensha.co.jp

装丁者……………盛川和洋

印刷所……………堀内印刷

製本所……………ナショナル製本

Printed in Japan ISBN978-4-396-11589-0 C0237

〈祥伝社新書〉
「心」と向き合う

183
般若心経入門
276文字が語る人生の知恵
永遠の名著を新装版で。いま見つめなおすべき「色即是空」のこころ
松原泰道

204
観音経入門
悩み深き人のために
安らぎの心を与える「慈悲」の経典をやさしく解説
松原泰道

188
歎異抄《たんにしょう》の謎《なぞ》
親鸞をめぐって・「私訳 歎異抄」・原文・対談・関連書一覧
親鸞は、本当は何を言いたかったのか？
作家
五木寛之

076
早朝坐禅
凜《りん》とした生活のすすめ
坐禅、散歩、姿勢、呼吸……のある生活。人生を深める「身体作法」入門！
宗教学者
山折哲雄

308
神（サムシング・グレート）と見えない世界
「神」とは何か？「あの世」は存在するのか？医学者と科学者による対談
東京大学名誉教授
矢作直樹
筑波大学名誉教授
村上和雄

〈祥伝社新書〉
歴史に学ぶ

〈祥伝社新書〉
教育・受験

360
なぜ受験勉強は人生に役立つのか
教育学者と中学受験のプロによる白熱の対論。頭のいい子の育て方ほか
明治大学教授 齋藤 孝
家庭教師 西村則《のり》康《やす》

433
なぜ、中高一貫校で子どもは伸びるのか
開成学園の実践例を織り交ぜながら、勉強法、進路選択、親の役割などを言及
開成中学校・高校校長 東京大学名誉教授 柳沢幸雄

489
教育費破産
大学生の2人に1人が奨学金だのみの現状。高騰する教育費にどう立ち向かうか？
教育ジャーナリスト 安田賢治

495
なぜ、東大生の3人に1人が公文式なのか？
世界でもっとも有名な学習教室の強さの秘密と意外な弱点とは？
育児・教育ジャーナリスト おおたとしまさ

536
開成・灘・麻布・東大寺・武蔵は転ばせて伸ばす
21世紀の「男の子」を持つ親たちへのメッセージ！ 名門男子校の先生が本音で語ります。

おおたとしまさ